Weitere Wanderbücher von uns gibt es u.a. für folgende Gebiete:

Kinderwagen- & Tragetouren **um und in München**

Über 50 besonders lohnende Wege & Ausflugsziele

ISBN: 978-3-9502908-6-8

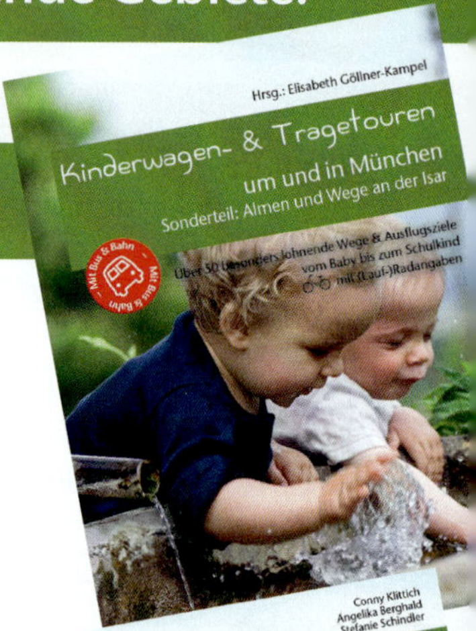

Tragetuch- & Kraxentouren **Bayerische Alpen und Tirol**

45 Hüttenziele und Gipfel von leicht bis schwierig

ISBN: 978-3-902939-08-1

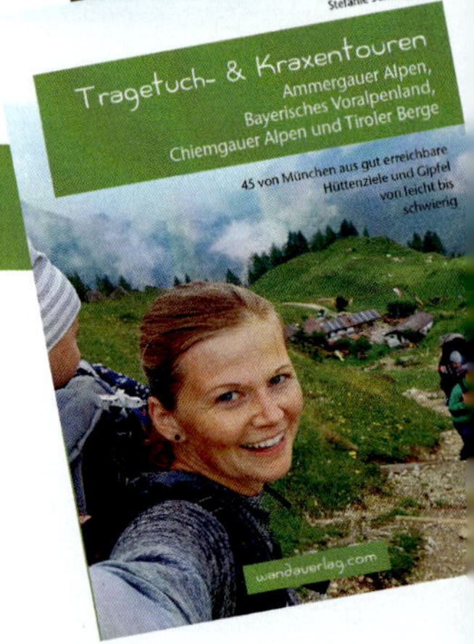

Überblickstabelle der Wanderungen

I. Landkreis Cham	Char.	Gesamtdauer 1h 2h	Anf.	Seite
1. Drachensee	↺		🟡	16
2. TT Hoher Bogen	⇄		🔴	19
3. TT Großer Osser	⇄		🔴	22
4. TT Zwercheck	⇄		🔵	25
5. TT Kötztinger Hütte	↺		🔵	27
6. Blaibacher See	⇄		🔵	30
7. Rötelseeweihergebiet	↺		🟡	33
8. TT NSG Hölle	↺		🔵	36
9. TT Kleiner Arbersee	⇄		🟡/🔵	39

II. Landkreis Regen	Char.	Gesamtdauer 1h 2h	Anf.	Seite
10. TT Großer Arber	⇄		🔴	44
11. Großer Arbersee	↺		🟡	47
12. Schwellhäusl	↺		🔵	50
13. TT Großer Falkenstein	⇄		🔴	52
14. NPZ Falkenstein	↺		🟡	54
15. TT Scheuereck	↺		🔵	57
16. TT Lindberger Schachten	⇄		🔴	60
17. TT Buchenau	↺		🔵	63

Höhen-meter	Ge-samt Länge	Schat-ten				Sterne	Rad	KW	Bus/Bahn
0	5,0	○	X	X	X	**	X	X	–
400	5,6	◑	–	–	–	**	–	–	🚌
600	7,0	◕	–	–	–	**	–	–	–
310	6,0	◑	–	X	–	***	–	–	–
220	3,0	◕	–	–	–	**	–	–	–
0	10,0	◑	X	X	X	**	X	X	–
0	3,2	◔	X	X	–	***	X	X	–
130	6,5	◕	X	–	–	**	–	–	–
120/0	7,0/3,0	◕	X	X	–	**	–	–	🚌

Höhen-meter	Ge-samt Länge	Schat-ten				Sterne	Rad	KW	Bus/Bahn
400	8,0	◔	–	–	X	**	–	–	🚌
0	1,5	◕	X	X	X	***	–	X	🚌
100	4,0	◕	X	X	X	***	–	X	
600	9,0	◕	–	–	–	**	–	–	🚌
90	3,0	◑	–	X	X	***	X	X	🚌
80	4,2	◕	X	X	–	**	–	–	–
380	8,4	◕	X	X	–	***	–	–	–
110/220	3,0/6,3	◕	X	X	–	**	–	–	–

Höhen-meter	Ge-samt Länge	Schat-ten				Sterne	Rad	KW	Bus/ Bahn
200	9	◕	X	X	X	**	X	X	–
260	5,2	◕	–	X	–	**	–	–	–
260	6,0	◑	–	–	X	**	–	X	🚌
60	1,5	◕	–	X	–	***	–	–	–
60	3,4	◕	–	X	X	**	–	X	–
100	4,6	◕	X	–	–	**	–	–	–

Höhen-meter	Ge-samt Länge	Schat-ten				Sterne	Rad	KW	Bus/ Bahn
230	4,5/4,0	◑	–	X	X	***	–	–	🚌
70	2,5	●	X	X	–	***	–	–	–
110	6,8	◕	X	–	–	***	–	–	🚌
200/150	3,8/3,8	◕	–	–	–	**	–	–	🚌
100/200	3,0/7,5	◔	–	–	–	***	–	–	🚌
0	7,0	◕	–	X	X	***	X	X	🚌
70	3,5	◕	X	X	–	**	–	–	–
80/160	3,5/6,8	◑	X	X	X	*	X	X	🚌
90	6,0	◕	X	X	–	**	–	–	–
0	2,7	◑	X	X	X	***	–	–	🚌
0	–	●	X	X	–	***	–	X	🚌
50	3,5	◕	X	X	X	***	–	–	🚌
40	3,0	◕	X	X	–	***	–	X	🚌

Höhen-meter	Ge-samt Länge	Schat-ten				Sterne	Rad	KW	Bus / Bahn
70	3,5/6,5	◕	X	–	–	**	X	X	🚌
500	8,0	◑	–	–	–	***	–	–	🚌
250	8,0	●	X	–	–	**	–	–	🚌
120/100	10/6,0	◕	X	X	X	**	X	–	🚌

Höhen-meter	Ge-samt Länge	Schat-ten				Sterne	Rad	KW	Bus / Bahn
0	2,4/4,3	◑	X	X	X	**	X	X	–
130	6,0	◑	–	–	–	***	X	X	–
170	6,0	◑	X	–	–	**	–	–	–
100/0	4,4/3,5	○	–	X	–	**	–	–	–
40	4,2	◕	X	X	–	***	–	–	🚌

Höhen-meter	Ge-samt Länge	Schat-ten				Sterne	Rad	KW	Bus / Bahn
80	3,0	◕	–	X	–	**	–	–	–
90	4,5	◑	X	–	–	**	–	X	–
0	5,6	○	–	–	–	*	X	X	–
400	5,0	◕	–	–	–	*	–	–	–
250	5,6/9,6	◕	–	–	–	**	–	–	–

Zeichenerklärung der Überblickstabelle:

Charakteristik (Char.):

↺ Rundweg (RW)

⇄ gleicher Rück- wie Hinweg

TT: Tragetour

Balken für Dauer:

Die Länge der Balken zeigt an, wie lange die Wanderung für eine Strecke dauert. Bei Rundwegen (RW) wird die Gehzeit für den gesamten Weg angezeichnet. Näheres in der jeweiligen Wegbeschreibung.

Anforderung (Anf.) bezieht sich auf das Gehen mit Kinderwagen:

- 🟡 leicht, kinderwagengeeignet
- 🔵 mittel mit Kinderwagen jedoch leicht zu Fuß
- 🔴 schwer mit Kinderwagen und mittel bis schwer (anstrengend) zu Fuß

Höhen-meter	Ge-samt Länge	Schat-ten				Sterne	Rad	KW	Bus / Bahn
70	3,6	◑	–	–	–	***	–	–	–
150	4,4	◕	–	–	X	***	–	–	–
160	5,8	◕	–	–	X	**	–	–	–
140	5,8	◕	X	X	–	**	–	–	–
90	4,0	◑	–	–	–	***	–	–	–

Schatten: Die dunklen Kreissegmente zeigen an, inwieweit der Weg schattig ist.

○ auf der ganzen Route kein Schatten
◔ der Weg liegt nur zu ¼ im Schatten
◑ die Hälfte der Wegstrecke ist schattig
◕ der Großteil der Strecke liegt im Schatten oder auch lichtem Wald
● der gesamte Weg liegt im Schatten

X Eignung für Sommer (baden), Regen, Winter (rodeln oder begehbar), Regen, Rad, KW (kinderwagengeeignet), Bus/Bahn

Sterne: * nette Tour für Zwischendurch, ** schöne Tour, *** außergewöhnliche Tour.

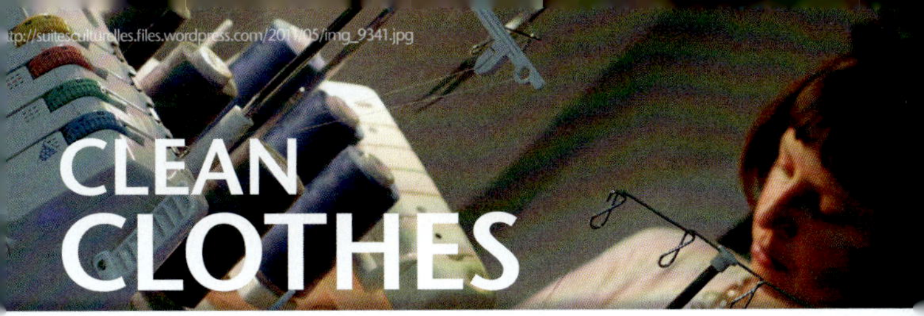

CLEAN CLOTHES

KAMPAGNE FÜR „SAUBERE“ KLEIDUNG WELTWEIT

Der Großteil unserer Kleidung wird in Lateinamerika, Asien und Afrika hergestellt. Die normale Arbeitszeit beträgt zwischen 14-17 Stunden täglich, 7 Tage die Woche! Die sklavenähnlichen Bedingungen der ArbeiterInnen erinnern an die Bedingungen in Europa im 19. Jahrhundert. Nur, dass diesmal Reich & Arm nicht mehr im selben Land, sondern 10.000 Kilometer entfernt voneinander leben. In den Fabriken hängen oft Markenhemden und Billighemden nebeneinander. Ein teures Markenhemd sagt keinesfalls aus, dass die Arbeitsbedingungen bei der Hestellung besser waren.

Die Clean Clothes - Kampagne, die von hunderten Organisationen und ArbeiterInnenvereinigungen rund um die Welt getragen wird, setzt sich für die Rechte der ArbeiterInnen und eine Verbesserung der Arbeitsbedingungen in der internationalen Bekleidungs- und Sportartikelindustrie ein.

Wer bekommt die 100,– Euro für meine Sportschuhe?

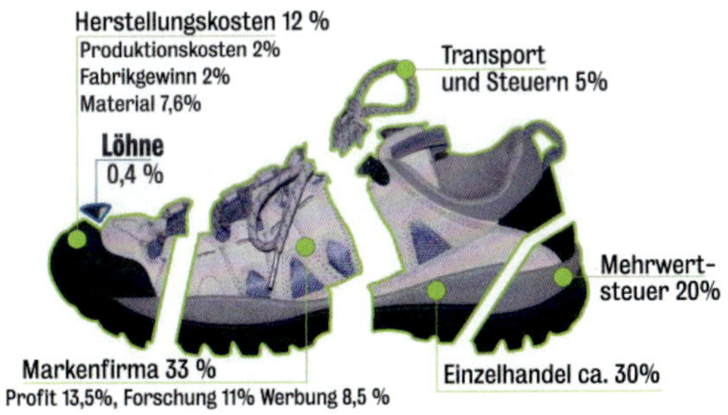

SCHREIBEN SIE UNS ODER RUFEN SIE UNS AN!

Abonnieren Sie kostenlos den Rundbrief der Clean Clothes Kampagne und informieren Sie sich über Herstellungsweisen - z.B. was hinter Markenartikel-Herstellern steckt:

CH: www.cleanclothes.ch D: www.sauberekleidung.de Ö: www.cleanclothes.at

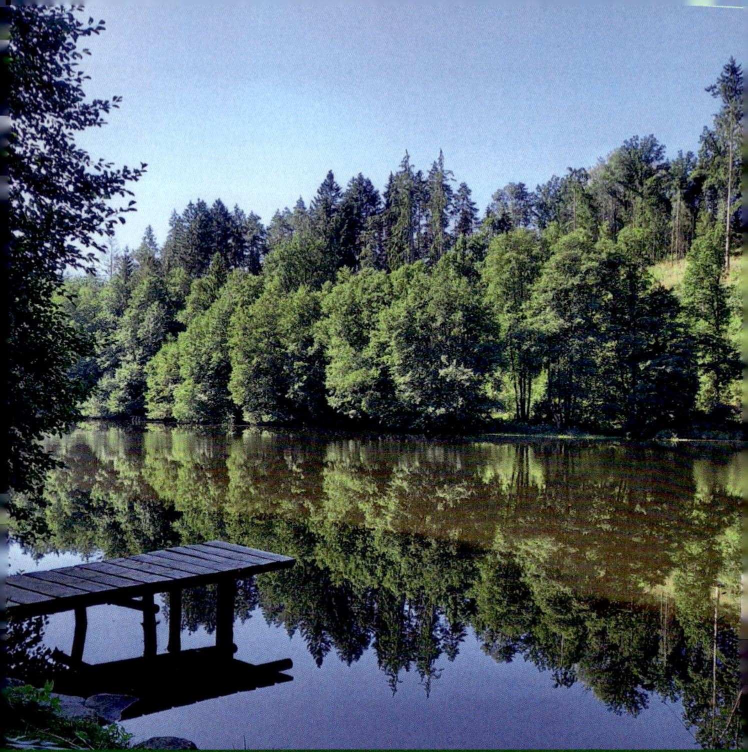

I. Landkreis Cham

– Naturpark Oberer Bayerischer Wald
– Kötztinger Land
– Lamer Winkel
– Land der Regenbogen
– Vorderer Bayerischer Wald

1 Rund um den Drachensee

Furth im Wald: Naturerlebnis **

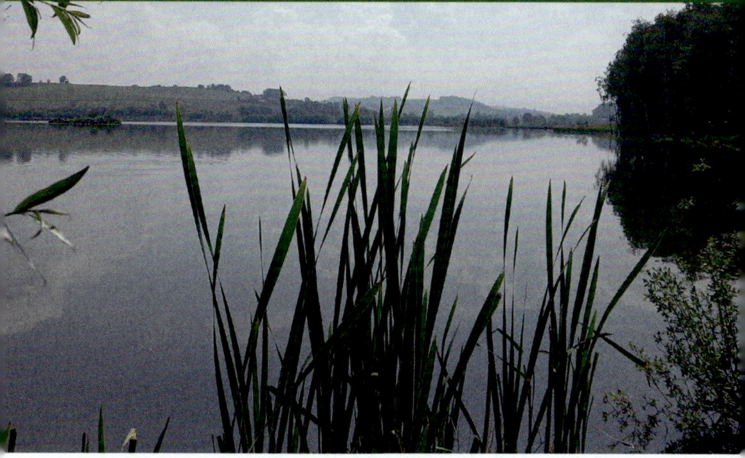

Die Runde um den Drachensee eignet sich perfekt zum Joggen mit Kinderwagen. An etlichen Naturbeobachtungspunkten mit Bankerl können Enten, Schwäne, aber auch Fische beobachtet werden. Auf breiten Schotterwegen führt der Rundweg mit schönen Blicken auf den See und die Bergzüge des „Hohen Bogens". Am Freitzeitufer laden Liegewiesen und ein Strand zum Faulenzen ein. Nicht vergessen etwas zu Trinken einzupacken, da der Rundweg keine Schattenplätze aufweist.

Wetter: Anforderung: Gesamtdauer: 1 h

Anforderung: Leicht; keine Steigungen; guter Kiesweg.

Dauer: RW: 1 h; 5 km.

Wetter: Nur bei mildem, nicht zu heißem Wetter geeignet, außer man fährt nur zum Baden hin. Im Winter grundsätzlich begehbar, jedoch ist die Seequerung gesperrt.

Wanderwert für (Geschwister) Kinder:	
2–3 Jahre:	Es lassen sich zwar entlang des ganzen Weges viele Fische und Vögel beobachten, im Grunde ist aber der Rundweg für Kinder eher monoton. Wenn man entgegen dem Uhrzeigersinn wandert, ist man schneller am Freizeitufer mit Liegewiesen und Badestelle.
4–6 Jahre:	S. 2–3 Jahre.
Kinderfahrrad:	Bestens geeignet.

Navi: 93437 Furth im Wald, Seuchau 1.

Anfahrt: Von Cham kommend auf der B20 Richtung Furth im Wald. Von Regen kommend über Bad Kötzting, Grafenwiesen und Rimbach nach Furth im Wald. In Furth im Wald ist der Drachensee sehr gut beschildert.

Bus/Bahn: -

Ausgangspunkt/P: Parkplatz Daberger Straße.

Infos/Gaststätten: *Kiosk am Freizeitufer Platzerl am See, montags und bei schlechtem Wetter geschlossen. *Es gibt außerdem viele Plätze zum Rasten und Verweilen und die Liegewiesen sind ideal für ein Picknick. *Kein Eintritt zum Baden. Der Freizeitstrand ist frei zugänglich. *Seequerung im Winter nicht möglich, da Brücke gesperrt ist.

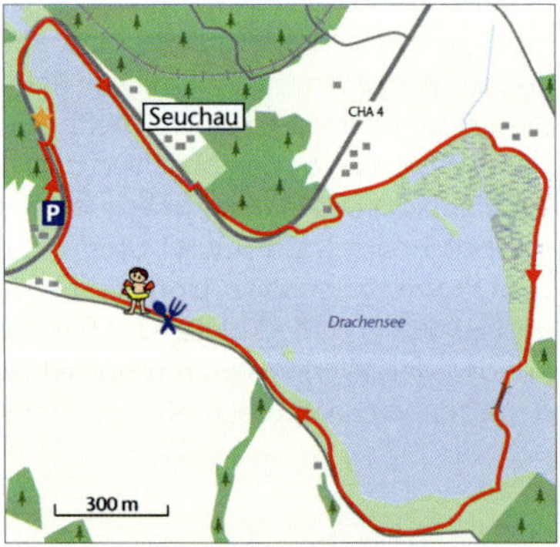

Wegbeschreibung: Wir folgen dem Rundweg immer im Uhrzeigersinn, da wir uns nach dem Spaziergang am Freizeitufer ein gemütliches Plätzchen zum Entspannen suchen. Vom Ausgangspunkt führt der Weg über einen gut ersichtlichen Holzsteg an der Straße entlang, bis auf Höhe des Promenadenplatzes die Hauptstraße überquert werden muss. Dort befindet sich

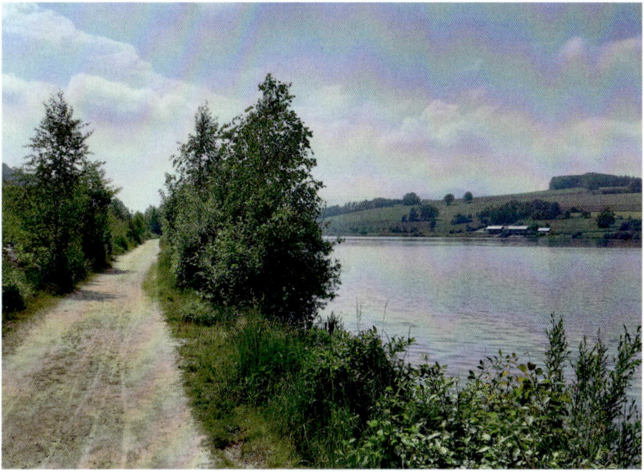

auch eine Drachenskulptur, von der man einen schönen Ausblick auf den See hat. Der Rundweg führt erst über die Staumauer und dann direkt am Seeufer entlang. Am sogenannten Seuchauer Ufer muss für wenige hundert Meter auf die andere Straßenseite gewechselt werden, ehe der Weg auf der anderen Seite die Ösbühler Bucht entlang führt. In dieser Flachuferzone mit Schilf befinden sich ein Aussichtspunkt und ein „Umweltpunkt" zum Beobachten der Flora und Fauna. Über eine Brücke kann nun der Drachensee überquert werden. Auf der anderen Uferseite gelangt ihr am Trattbrunner Ufer und entlang des Freizeitufers zurück zum Promenadenplatz. Dort geht es nochmals über die Hauptstraße und zurück zum Parkplatz. Der Badeplatz befindet sich am Ende des Rundweges. Wenn man in umgekehrter Richtung läuft, erreicht man den Badeplatz nach ca. fünfzehn Minuten.

2 Tragetour Hoher Bogen

Neukirchen b. Hl. Blut: Gipfelkreuz und Aussichtsturm **

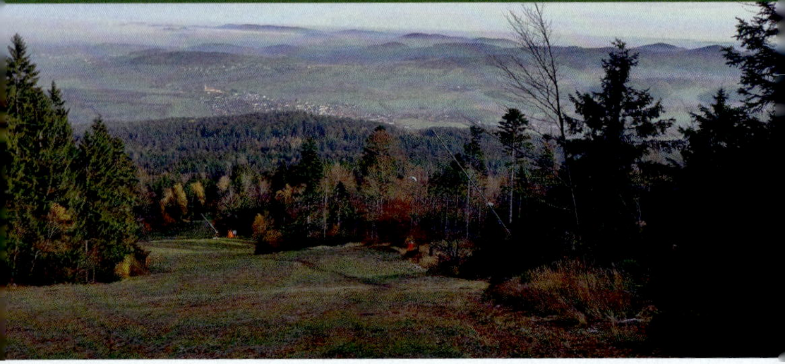

Der etwa 8 km lange Höhenzug „Hoher Bogen“ bietet mit seinen fünf Gipfeln viele Wandertouren. Der kürzeste Zustieg erfolgt ab der Talstation Hohenbogenbahn, entlang der Skipiste hinauf zum Ahornriegel (1.050 m). Der Weg nach oben ist zwar wenig spektakulär und abschnittsweise sehr steil, jedoch sind die Alternativrouten auf den Gipfel mindestens doppelt so lang. Wer den Aufstieg über die Skipiste scheut, kann mit der Sesselbahn hinauffahren und auf dem Höhenzug wandern. Von der Bergstation empfiehlt sich ein Abstecher zum 800 m entfernten Schwarzriegel mit den ehemaligen NATO Türmen. Auf der 50 m hohen Aussichtsplattform bieten sich herrliche Ausblicke. Unser Großer ist von den Türmen und den 293 Stufen jedes Mal aufs Neue beeindruckt.

Wetter: Anforderung: Gesamtdauer: 2 h

Anforderung: Schwierig; 400 Hm; sehr steile Abschnitte; Pfade und grobe Schotterwege.

Dauer: Eine Strecke: 1 h; 2,8 km.

Wetter: Nur bei gutem Wanderwetter, bei Regen ist der Weg sehr matschig.

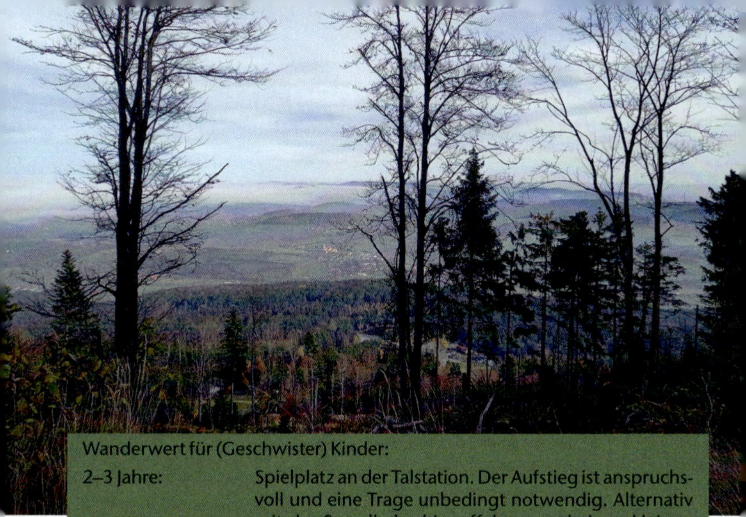

Wanderwert für (Geschwister) Kinder:	
2–3 Jahre:	Spielplatz an der Talstation. Der Aufstieg ist anspruchsvoll und eine Trage unbedingt notwendig. Alternativ mit der Sesselbahn hinauffahren und einen kleinen Spaziergang am Höhenzug zum Aussichtsturm unternehmen. Breite Wege und keine Absturzgefahr.
4–6 Jahre:	Funpark mit Wasserrutsche, Pendelbahn und Miniseilbahn an der Talstation (Kleingeld mitnehmen!), Sommerrodelbahn (Achtung: nur Einsitzer) und Aussichtsturm.
Kinderfahrrad:	Nein.

Navi: 93453 Neukirchen beim Hl. Blut, Liftstraße 2.

Anfahrt: Von Regen/Bodenmais kommend auf der St2132 über Drachselsried nach Arnbruck. Von dort über die St2126 nach Arrach und der St2138 nach Hohenwarth folgen. Über die Passstraße nach Neukirchen beim Hl. Blut und der Ausschilderung Hohenbogenbahn folgend zum Ausgangspunkt.

Bus/Bahn: Hst. Hohenbogen Sesselbahn.

Ausgangspunkt/P: Parkplatz an der Talstation der Hohenbogenbahn.

Infos/Gaststätten: *Liftstüberl an der Talstation, Tel. 09947 9040235. *Haus Schönblick, nach ca. 1,3 km direkt am Wanderweg, Tel. 09947 902949, www.schoenblick-hohenbogen.de. *Berghaus Hohenbogen, Tel. 09947 621, www.berghaus-hohenbogen.de. *Richtpreis Sesselbahn Berg-/Talfahrt Erw. € 11, Kinder € 7; *Richtpreis Rodeln mit Auffahrt Familienkarte € 15.

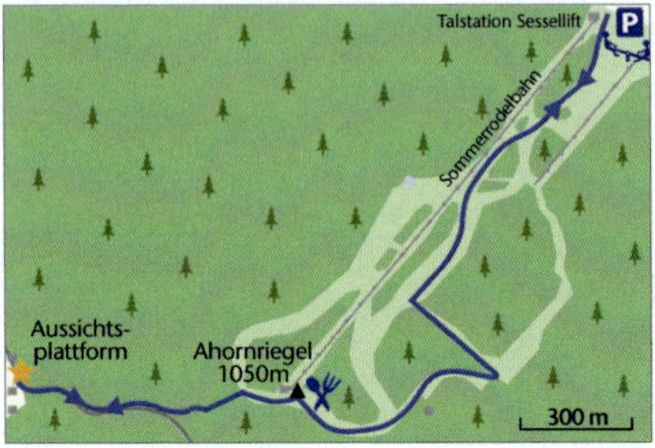

Wegbeschreibung: Der gut ausgeschilderte Bergsteig „NK10" führt von der Talstation zunächst links am Waldrand entlang und dann stetig bergauf am Rande der Skipiste. Ab der Mittelstation wird es abschnittsweise sehr steil, bis der Weg links abzweigt und zum Haus Schönblick führt. Von dort für ca. 5 Minuten einem breiten Schotterweg folgen, bevor es die letzten 10 Minuten entlang der Skipiste hinauf zum Ahornriegel geht. Vom Gipfel führt der Gipfelweg gut ausgeschildert zum 800 m entfernten Schwarzriegel mit der Aussichtsplattform. Aufgrund des recht steilen Wegabschnittes ist der Abstieg stellenweise schwierig, daher empfehle ich die Mitnahme von Wanderstöcken oder die Talfahrt mit der Sesselbahn (das Liftpersonal ist sehr hilfsbereit beim Ein- und Aussteigen). Gleicher Rück- wie Hinweg.

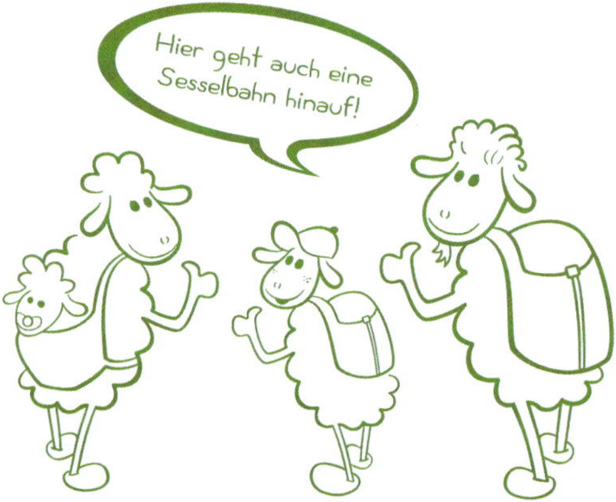

3 Tragetour Großer Osser (1.293 m)

Oberlohberg: Grenzwanderung **

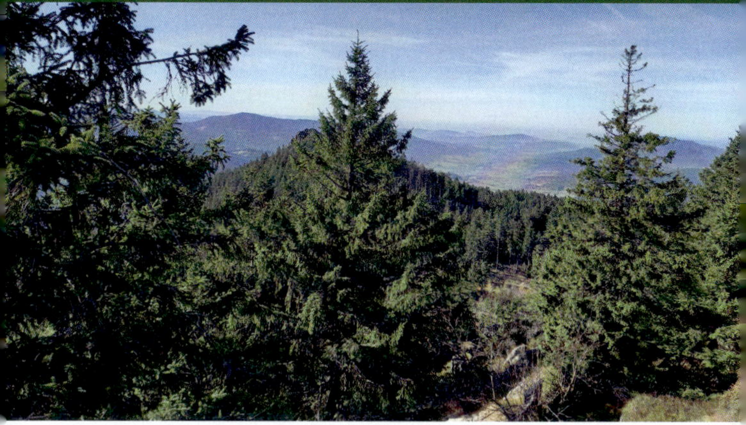

Der Große Osser liegt direkt an der deutsch-tschechischen Grenze. Er gehört zu den schönsten Aussichtsbergen im Bayerischen Wald und ist daher stark besucht. Der lange Aufstieg ist gut begehbar, erst im Gipfelbereich wird es felsig, Trittsicherheit erforderlich. Von den Felsklippen des Großen Osser hat man nicht nur einen schönen Blick auf die Osserwiese und den Kleinen Osser, sondern auch auf den Böhmerwald, das Arbermassiv und bei guter Fernsicht sogar bis in die Alpen. Direkt unterhalb des Gipfels befindet sich das Osserschutzhaus, in welchem eine Rast eingelegt werden kann. Gleicher Rück- wie Hinweg.

Wetter: Anforderung: Gesamtdauer: 3 h

Anforderung:	Mittel-schwer; 600 Hm; mittlere Steigungen; steiniger und verwurzelter Waldweg, im Gipfelbereich felsig.
Dauer:	Eine Strecke: 1 ½ h; 3,5 km.
Wetter:	Bei trockenem Wanderwetter geeignet.

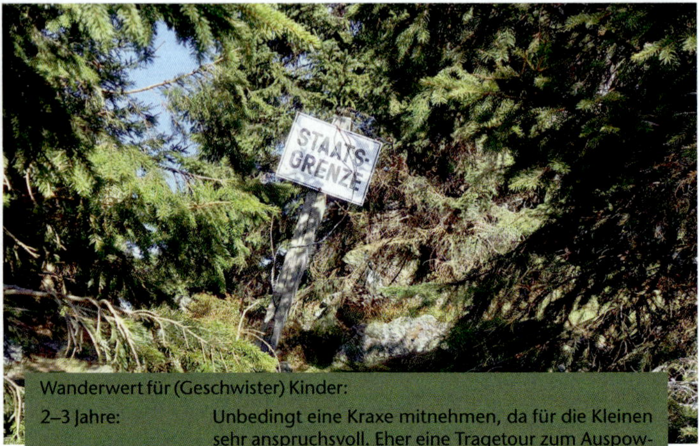

Wanderwert für (Geschwister) Kinder:	
2–3 Jahre:	Unbedingt eine Kraxe mitnehmen, da für die Kleinen sehr anspruchsvoll. Eher eine Tragetour zum Auspowern für die Eltern. Im Felsbereich klettert mein Großer gerne, am besten Seil mitnehmen, da Absturzgefahr. Aber auch niedrigere Kraxelfelsen.
4–6 Jahre:	Für motivierte, ausdauernde und gehfreudige Kinder möglich.
Kinderfahrrad:	Nein.

Navi: 93470 Lohberg, Lärchenweg.

Anfahrt: Von Regen/Zwiesel/Bayerisch Eisenstein kommend in das Arbergebiet nach Brennes. Von dort auf der Scheibenstraße in Richtung Lohberg. Rechts abbiegen in den Lindenweg, Straße wird zum Lärchenweg. Am Waldrand befindet sich der Wanderparkplatz.

Bus/Bahn: -

Ausgangspunkt/P: Wanderparkplatz Oberlohberg.

Infos/Gaststätten: *Osserschutzhaus unterhalb des Gipfels, Tel. 0160 5561528, www.osser-schutzhaus.de; saisonal bedingte Ruhetage; Übernachtungsmöglichkeiten bei Voranmeldung.

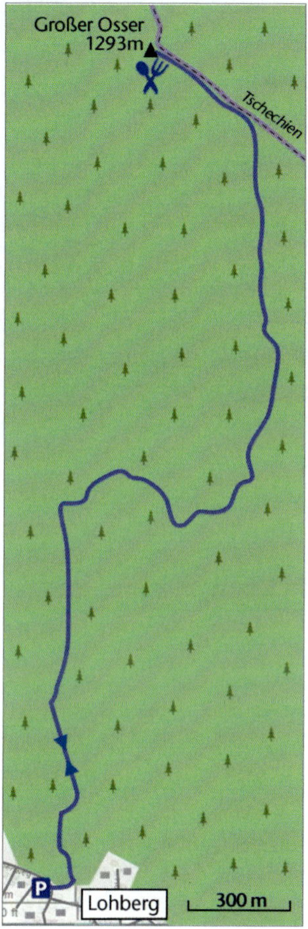

Wegbeschreibung: Der Wanderweg „Lo1“ führt vom Wanderparkplatz durch den Wald hinauf zum Gipfel und ist sehr gut ausgeschildert. An zwei Stellen wird eine breite Schotterstraße überquert, ansonsten schlängelt sich der Weg durch den Wald. Wer nicht den gleichen Weg zurück gehen möchte, dem empfehle ich den Abstieg über die Osserwiese (beschildert) zurück zum Ausgangspunkt. Auch diese Route ist gut ausgeschildert.

4 Tragetour Zwercheck (1.333 m)

Lohberg: Gipfelglück und Naturkino am Zwercheck ***

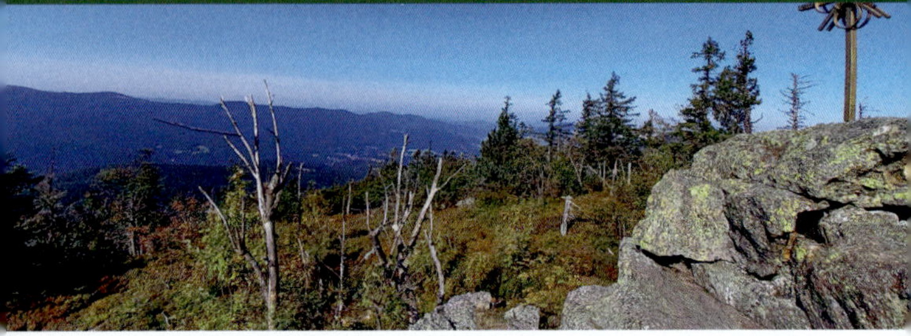

Wunderschöne und nicht zu anstrengende Wanderung zum Gipfel des Zwercheck und dem angrenzenden „Naturkino“ mit Blick auf Arber, Osser und Hohen Bogen. Die kurzweilige Wanderung führt zunächst ansteigend durch den Wald, ehe der Grenzkamm zum Felsriegel mit Gipfelkreuz führt und ein herrliches Berg- und Waldpanorama bietet. Oben am Grenzkamm lieben es unsere Kinder umherzufetzen und zwischen den Felsen herumzustreunen. Diese Wanderung kombinieren wir immer mit einem Picknick, so kann man die Aussicht genießen und die Kinder können sich austoben.

Wetter: Anforderung: Gesamtdauer: 2 h

Anforderung:	Mittel; 310 Hm; bis zum Grenzkamm steil bergauf; breite Forstwege, schmaler Waldweg, teils verwurzelt.
Dauer:	Eine Strecke: 1 h; 3 km.
Wetter:	Bei jedem Wanderwetter geeignet, am schönsten jedoch bei Sonnenschein und guter Fernsicht.

Wanderwert für (Geschwister) Kinder:

2–3 Jahre:	Unseren Kindern gefällt es zwischen den Felsen herumzustreunen. Nur mit sehr gehfreudigen Kindern zu empfehlen bzw. Tragemöglichkeit einpacken.

4–6 Jahre:	Siehe 2–3 Jahre.
Kinderfahrrad:	Nein.

Navi: 93470 Lohberg, an der St2154 (Nähe Großer Arber).

Anfahrt: Von Regen/Zwiesel kommend in das Arbergebiet nach Brennes. Dort auf der St2154 Richtung Lohberg. Von Lam/Lohberg kommend St2154 in Richtung Arbergebiet. Der Wanderparkplatz Scheiben befindet sich direkt an der Staatsstraße.

Bus/Bahn: -

Ausgangspunkt/P: Wanderparkplatz Lohberg-Scheiben.

Infos/Gaststätten: *Keine Einkehrmöglichkeiten. Am Naturkino oder im Gipfelbereich schöne Plätze zum Picknicken. Am besten ausreichend Proviant mitnehmen.

Wegbeschreibung: Der Parkplatz Lohberg-Scheiben liegt direkt an der Straße und erstreckt sich in den Wald hinein. Am hinteren Teil des Parkplatzes am Waldrand beginnt der mit „Lo5" gut beschilderte Wanderweg zunächst auf einem breiten Schotterweg. Nach ca. zehn Minuten dem Weg an einer Kreuzung rechts weiter folgen, ehe nach weiteren fünf Minuten der Wanderweg links in den Wald abzweigt. Nun schlängelt sich der Weg stetig ansteigend durch den Wald hinauf zum Grenzkamm, den man nach einer knappen halben Stunde erreicht. Am Grenzkamm verläuft der Weg relativ eben bis zum Zwercheck-Gipfel, der sich links auf einer Freifläche befindet. Von dieser Felsgruppe verläuft rechts ein schmaler Pfad zum Naturkino. Dort befinden sich Bänke, von welchen man einen grandiosen Blick auf die gegenüberliegenden Bergketten hat. Gleicher Rück- wie Hinweg.

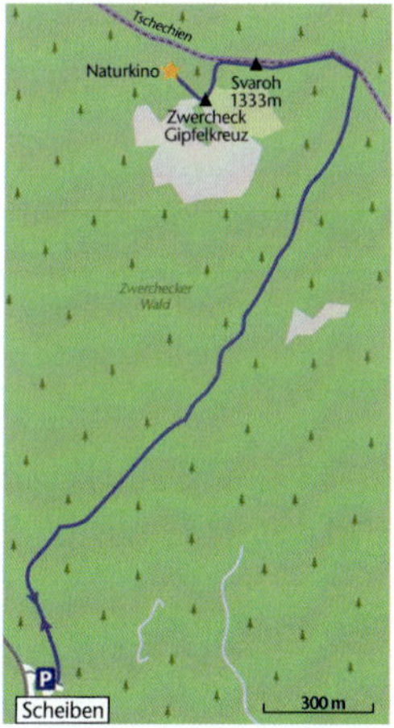

5 Tragetour Kötztinger Hütte

Hudlach: Wandern am Kaitersberg **

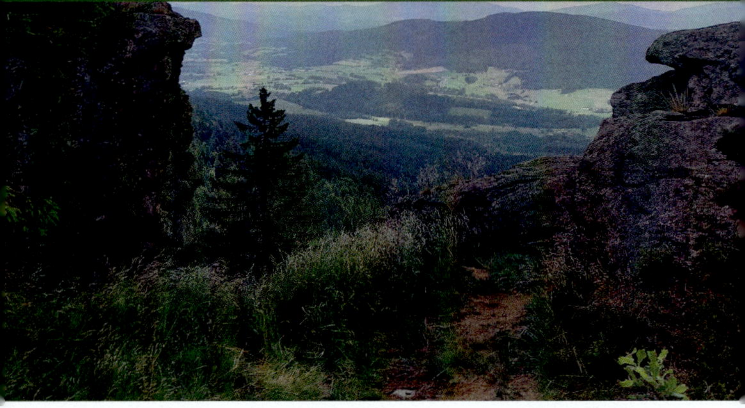

Der Wanderparkplatz in Hudlach ist perfekter Ausgangspunkt für Wanderungen im Wandergebiet Kaitersberg. Auf dem langgezogenen Bergkamm befindet sich in herrlicher Aussichtslage der Berggasthof Kötztinger Hütte, ein beliebtes Ausflugsziel. Der kurze, aber abschnittsweise steile Weg führt durch den Wald und mit Blick auf den Hohen Bogen hinauf zum Bergkamm. Viele Felsen laden zum Verstecken und Klettern ein und auf dem nahe dem Berggasthof gelegenen Mittagstein befindet sich eine Kapelle und ein Aussichtsfelsen.

Wetter: Anforderung: Gesamtdauer: 1 ¼ h

Anforderung:	Mittel; 220 Hm; eine lange steile Passage beim RW im Abstieg, wer das nicht möchte, wählt den gleichen Rück- wie Hinweg; breiter grober Schotterweg.
Dauer:	RW: 1 ¼ h; 3 km.
Wetter:	Bei jedem Wanderwetter geeignet. Bei Regen nicht zu empfehlen, da sehr matschig und rutschig.

Wanderwert für (Geschwister) Kinder:	
2–3 Jahre:	Felsen zum Klettern. Da abschnittsweise steil, unbedingt eine Trage mitnehmen.
4–6 Jahre:	Aufgrund der kurzen Distanz für dieses Alter gut zum selbst Wandern. Unser Vierjähriger freut sich immer, dass er selber gewandert ist.
Kinderfahrrad:	Nein.

Navi: 93480 Hohenwarth, Hudlach.

Anfahrt: Von Arrach kommend auf der St2138 nach Hohenwarth der Hauptstraße folgend, dann rechts abbiegen in die Hudlacher Straße. Beschilderung nach Hudlach/ Kötztinger Hütte folgen. Die schmale asphaltierte Straße führt dann direkt zum Wanderparkplatz Hudlach.

Bus/Bahn: -

Ausgangspunkt/P: Wanderparkplatz Hudlach.

Infos/Gaststätten: *Kötztinger Hütte, Tel. 09946 290, www.koetztinger-huette.de, saisonal bedingte Ruhetage. *Kostenloser Wanderparkplatz.

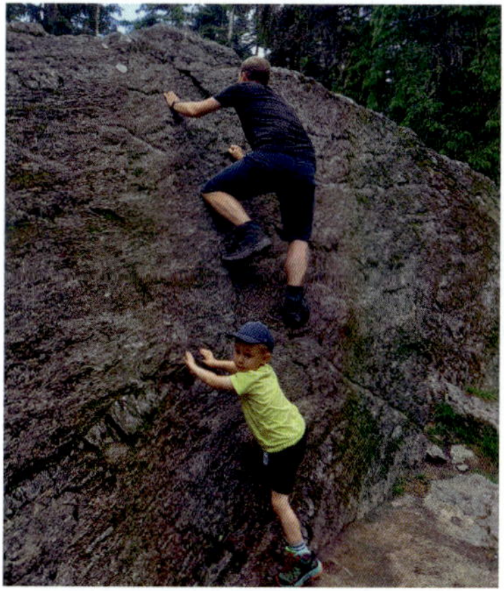

Wegbeschreibung: Vom Wanderparkplatz führt eine asphaltierte Straße zum Weiler Hudlach und dort vor dem ersten Gebäude, an den Wegbeschilderungen, hinein in den Wald. Bei der nächsten Weggabelung führt der rechte Weg auf einer Gesamtlänge von etwa 2 km hinauf zur Kötztinger Hütte. Dem linken Weg folgend erreicht man nach ca. 20 Minuten den Berggasthof, jedoch ist dieser Weg sehr steil. Der rechte Weg lässt sich ange-

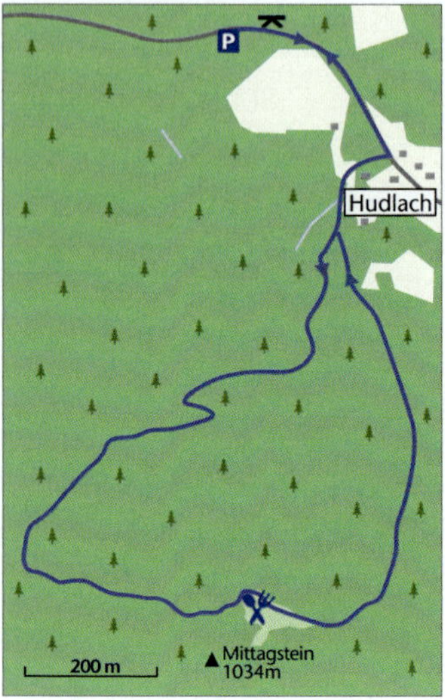

nehmer erwandern und ermöglicht schöne Blicke auf den Hohen Bogen und den Lamer Winkel. Am Bergkamm angekommen, geht es linker Hand zum Mittagstein und von dort die letzten Meter zur Kötztinger Hütte. Anmerkung: Am Bergkamm gibt's mehrere beschilderte Wanderwege mit Ausblicken ins Zellertal. Der Abstieg erfolgt von der Hütte rechts hinab über den kürzeren, aber steileren Weg zum Weiler Hudlach.

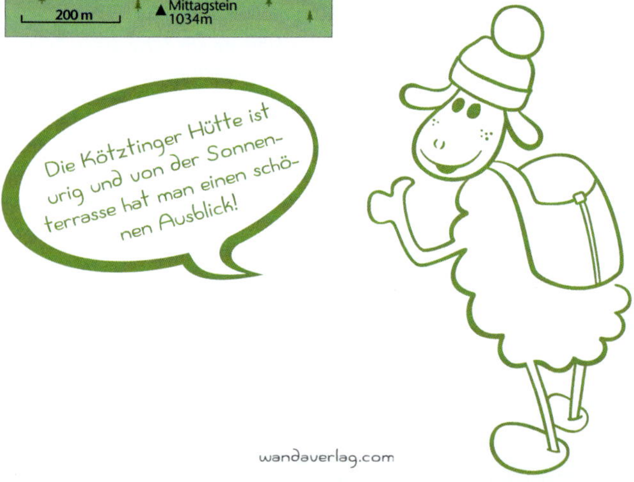

6 Blaibacher See

Blaibach: Stausee mit vielen Möglichkeiten **

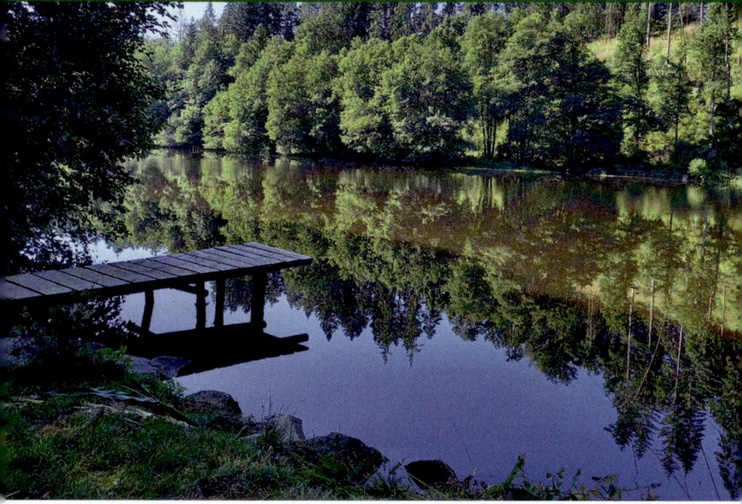

Der Blaibacher See ist ein bestehender Stausee am Schwarzen Regen und ein beliebtes Naherholungsziel für AnglerInnen, Badende und WanderInnen. Während sich am linken Seeufer ein Badeplatz und Bootsverleih befindet, kann man am rechten Seeufer entlang bis zum Höllensteinsee wandern. Viele Plätze laden zum Verweilen oder zum Pritscheln ein. Im Unterschied zur Wanderung Drachensee vermittelt dieser See eher das Gefühl, an einem Fluss entlang zu wandern.

Wetter: Anforderung: Gesamtdauer: 2 ½ h

Anforderung:	Leicht; keine Höhenmeter; keine Steigungen; breiter grober Schotterweg und Wiesenwege.
Dauer:	Eine Strecke: 1 ¼ h ; 5 km.
Wetter:	Bei trockenem Wanderwetter geeignet.

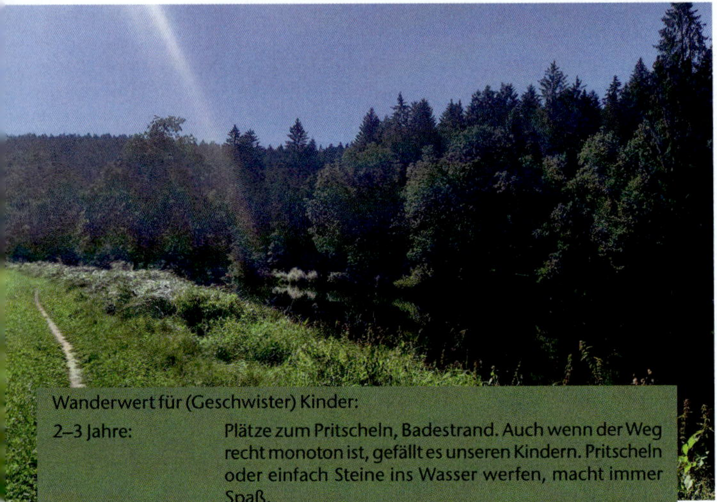

Wanderwert für (Geschwister) Kinder:

2–3 Jahre:	Plätze zum Pritscheln, Badestrand. Auch wenn der Weg recht monoton ist, gefällt es unseren Kindern. Pritscheln oder einfach Steine ins Wasser werfen, macht immer Spaß.
4–6 Jahre:	Bootsverleih, im Winter bei geeigneter Witterung Schlittschuhlaufen.
Kinderfahrrad:	Die ersten 2,5 km des Weges perfekt für Kinderfahrrad. Wenn man weiter gehen möchte, am besten mit Schloss absperren und ohne Fahrrad/Laufrad weitergehen.

Navi: 93476 Blaibach, Gmündt 3a, Parkplatz am Damm.

Anfahrt: Von Bad Kötzting kommend St2140 in Richtung Miltach/Blaibach. Von Cham oder Viechtach kommend auf B85 nach Miltach und weiter auf St2140 in Richtung Bad Kötzting. Der Parkplatz befindet sich direkt an der Staatsstraße 2140.

Bus/Bahn: -

Ausgangspunkt/P: Parkplatz am Damm.

Infos/Gaststätten: *Kiosk am See direkt am Parkplatz, April bis Oktober je nach Wetterlage geöffnet. *Da es am Weg keine Einkehrmöglichkeit gibt, unbedingt Proviant mitnehmen, damit ihr Energie für den Rückweg habt.

Wegbeschreibung: Vom Parkplatz geht es über die Staumauer des Kraftwerkes hinüber zur rechten Uferseite, wo man auf insgesamt fünf Kilometern (einfache Strecke) bis zum Höllensteinsee wandern kann. Die Hälfte des Weges verläuft auf einem breiten Schotterweg, ehe ein schmaler Pfad, der aber mit einem Doppelkinderwagen befahrbar ist, weiter führt. Über eine Freifläche und einen breiten Waldweg geht es bis zu einer kleinen Brücke. Bis dahin ist die Strecke mit Kinderwagen befahrbar. Die letzten hundert Meter bis zum Höllensteinsee muss der Kinderwagen aber „geparkt“ werden, da das Teilstück sehr steinig ist und zur Staumauer eine Treppe führt. Der Weg kann nach Lust und Laune begangen werden. Einfach umdrehen, wenn die Kleinen keine Lust mehr haben. Unbedingt darauf achten, dass genügend Energie für den Rückweg vorhanden ist.

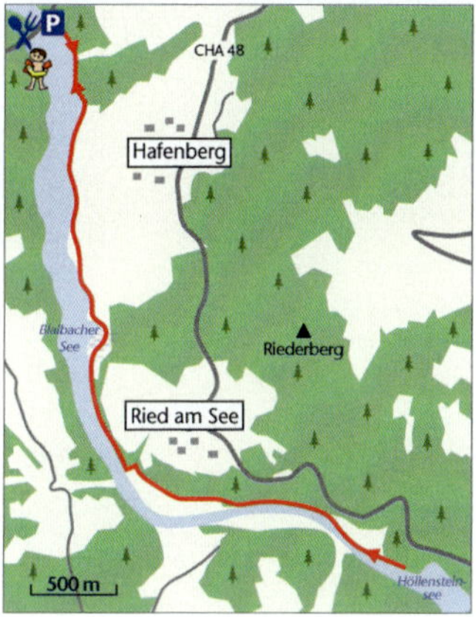

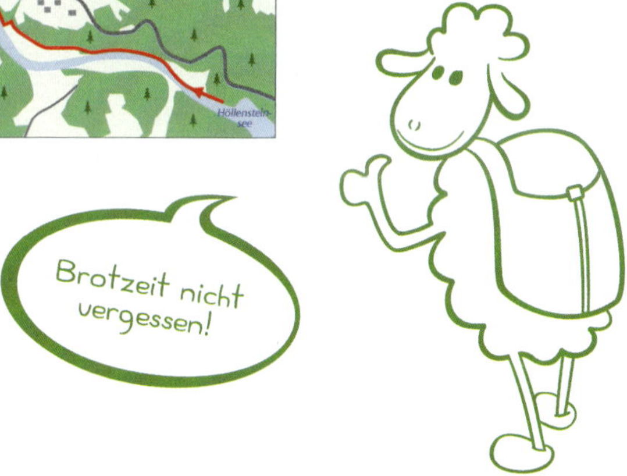

7 Rötelseeweihergebiet

Laichstätt: größtes NSG der Oberpfalz

***

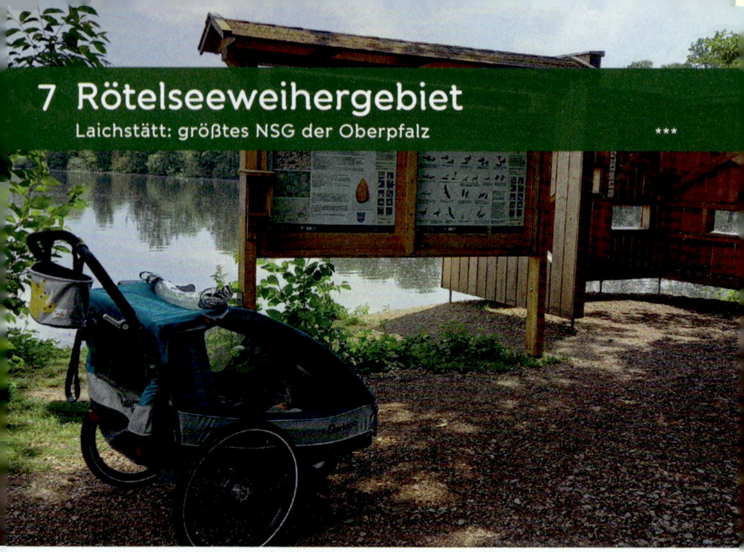

Das Rötelseeweihergebiet ist das größte Naturschutzgebiet in der Oberpfalz und ein Rückzugsort für viele Vogelarten. Schotterwege, eine asphaltierte Straße und schmale Pfade führen durch eines der artenreichsten Biotope Süddeutschlands und durch die Regenaue zwischen Pösing und Cham. Für Kinder ist dieser Weg aufgrund der vielen Vögel super spannend. Auf Tafeln werden Details dazu beschrieben, denn auch seltene Arten wie zum Beispiel der Schwarzhalstaucher oder die Uferschnepfe sind hier heimisch.

Wetter: Anforderung: Gesamtdauer: ¾ h

Anforderung:	Leicht; eben; wenig verwurzelte, aber breite Waldwege (Achtung, kann nach Regenperioden gatschig sein), ca. 40 % Asphaltstraße mit wenig Anliegerverkehr.
Dauer:	RW: ¾ h, 3,2 km.
Wetter:	Nur bei nicht zu heißem Wetter, nur wenige Abschnitte liegen im Schatten.

Wanderwert für (Geschwister) Kinder:	
2–3 Jahre:	Super geeignet; hier wurlt es vor lauter Vögeln, im Sommer konnten wir das Wasser aufgrund der vielen Vögel teilweise nicht mehr sehen. Unser Vierjähriger wollte gar nicht mehr weitergehen, so spannend war das.
4–6 Jahre:	Siehe 2–3 Jahre.
Kinderfahrrad:	Ja, wenig verwurzelter Waldweg und feiner Schotter.

Navi: 93413 Cham, Laichstätt.

Anfahrt: Von Regen kommend auf B85 nach Cham und weiter Richtung Schwandorf/Roding. Ausfahrt Cham West und Beschilderung nach Ried am Pfahl folgen. Die Straße verläuft parallel zur Bundesstraße. Nach der Ortschaft Ried am Pfahl der Beschilderung nach Laichstätt folgen. In Laichstätt der Zufahrtsstraße bis zu einer T-Kreuzung folgen und rechts abbiegen. Nach 200 m befindet sich in der Kurve der Parkplatz.

Bus/Bahn: -

Ausgangspunkt/P: Parkplatz Ortsausgang Laichstätt.

Infos/Gaststätten: *Keine Einkehrmöglichkeiten, daher genügend Proviant mitnehmen.

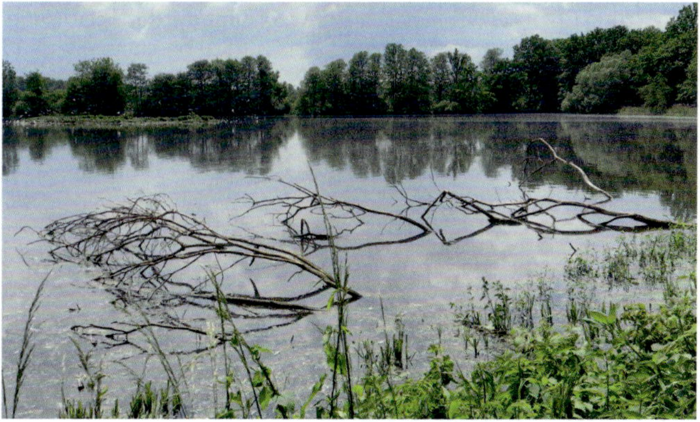

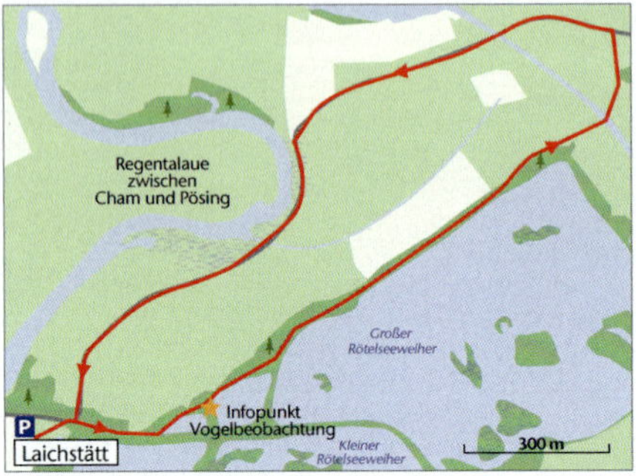

Wegbeschreibung: Gegenüber dem Parkplatz verläuft ein Schotterweg in den Wald hinein und führt direkt an den Rötelsee. Von dort schlängelt sich der Weg am Ufer des Weihergebietes mit schönen Ausblicken auf das riesige Teichgebiet mit hunderten von Vögeln und Wasserbewohnern bis zu einer großen Wiese. Von dort sind es nur wenige hundert Meter bis zu einer asphaltierten Straße. An dieser Kreuzung links abbiegen und entlang der Regentalaue zurück zum Ausgangspunkt.

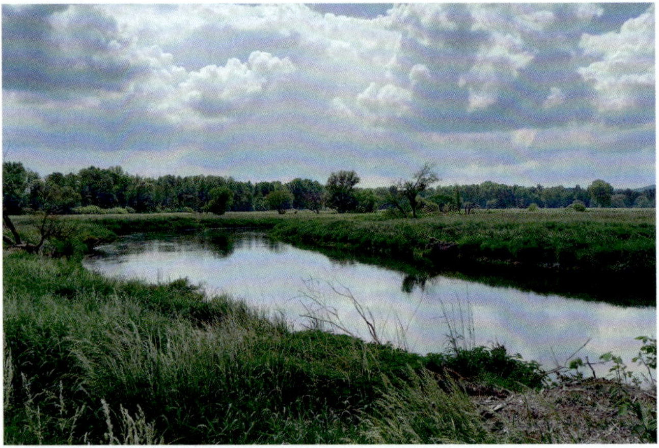

8 Tragetour durch die Hölle

Postfelden: Felsen über Felsen

**

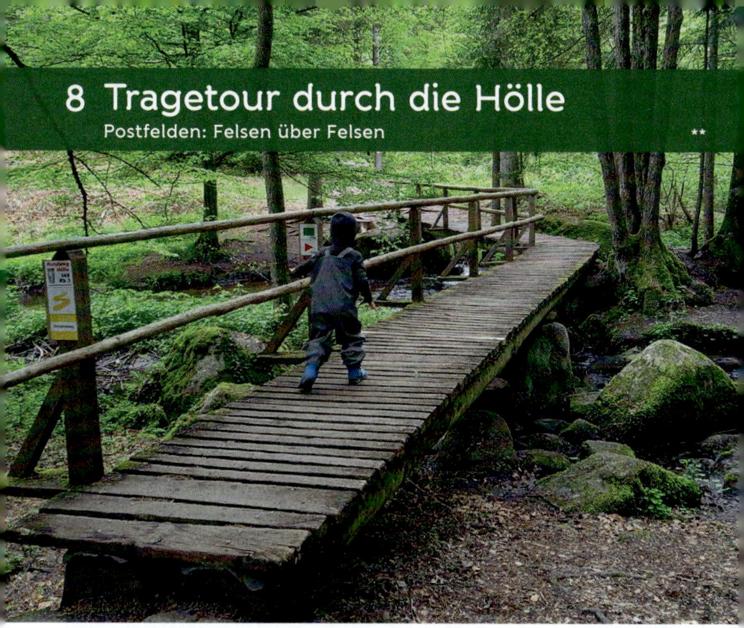

Der Zuweg zum Felsblock „Hölle“ führt durch den Wald entlang eines Baches. Der Weg durch das Naturschutzgebiet „Hölle“ ist nur einen knappen Kilometer lang, aber spektakulär. Es handelt sich um ein moosbewachsenes weitläufiges Blockmeer aus Granitsteinen, daneben oder auch unterhalb fließt der Höllbach. Gerade dieser Abschnitt hat mit den vielen Klettermöglichkeiten und kleinen Wasserfällen für unsere Kinder seinen Reiz.

Wetter: Anforderung: Gesamtdauer: 1 ¼ h

Anforderung:	Mittel; abschnittsweise mäßige Steigungen; 130 Hm, überwiegend verwurzelte Waldpfade und viele Felsen.
Dauer:	RW: 6,5 km; 1 ¼ h.
Wetter:	Nur bei trockenem Wanderwetter.

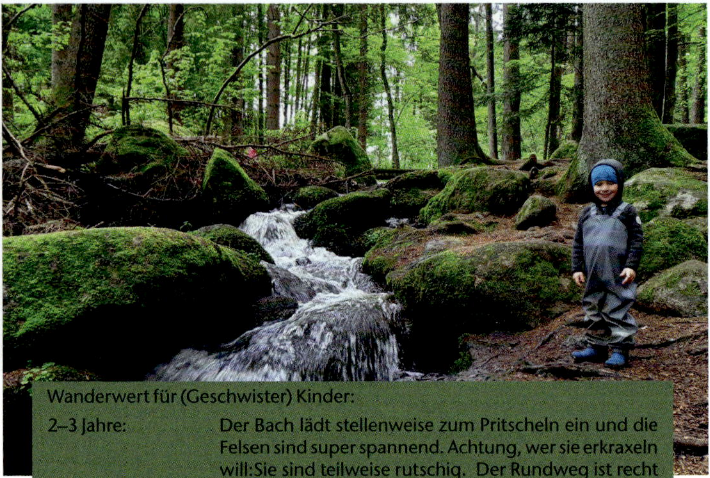

Wanderwert für (Geschwister) Kinder:

2–3 Jahre:	Der Bach lädt stellenweise zum Pritscheln ein und die Felsen sind super spannend. Achtung, wer sie erkraxeln will:Sie sind teilweise rutschig. Der Rundweg ist recht weit, daher empfiehlt es sich eine Trage mitzunehmen. Wechselsachen nicht vergessen.
4–6 Jahre:	Siehe 2–3 Jahre.
Kinderfahrrad:	Nein.

Navi: 93191 Rettenbach, Postfelden 20, Wanderparkplatz NSG Hölle.

Anfahrt: Von BAB A3 Richtung Regensburg oder Passau kommend: Ausfahrt 104b (Wörth an der Donau-Ost), dann weiter auf der St 2146 nach Rettenbach. In Rettenbach über Neumühle nach Postfelden. Von Cham kommend: St2146 über Schorndorf, Michelsneukirchen, Falkenstein und Ruderszell nach Postfelden. Von Roding kommend: St2147 nach Michelsneukirchen und dann weiter auf der St2146 nach Falkenstein und Ruderszell nach Postfelden.

Bus/Bahn: -

Ausgangspunkt/P: Wanderparkplatz Naturschutzgebiet Hölle in Postfelden.

Infos/Gaststätten: *Keine Einkehrmöglichkeiten, am besten Brotzeit einpacken und auf dem großen Granitfelsen eine Pause einlegen.

Wanderwert für (Geschwister) Kinder:	
2–3 Jahre:	Bachläufe zum Pritscheln und Erfrischen.
4–6 Jahre:	Ab Lohberghütte führt die Kleine Arberseebahn direkt zum Kleinen Arbersee (von unserem Ausgangspunkt ca. 10 km entfernt.)
Kinderfahrrad:	Bei der Kinderwagenvariante bis zum Kleinen Arbersee auf 75 % der Wegstrecke mit Laufrad möglich.

Navi: Var.1 (Trage): 94252 Bayerisch Eisenstein, Brennesstraße. Var. 2 (Kinderwagen): 93470 Lohberg, Mooshütte.

Anfahrt: Von Zwiesel kommend der B11 folgend über Regenhütte und den Großen Arbersee zum Parkplatz der Arber Bergbahn. Von Regen kommend der St2135 folgend nach Langdorf und auf der St2132 weiter nach Bodenmais. In Bodenmais der Beschilderung in das Arbergebiet folgen. Zum Ausgangspunkt für die Kinderwagentour der Straße weiter bis zum Weiler Brennes und dort bei der Kreuzung links in Richtung Lohberg. Nach einem kurzen Stück links abbiegen und der Beschilderung nach Mooshütte folgen.

Bus/Bahn: Hst. Talstation Arber Bergbahn (Variante Trage)

Ausgangspunkt/P: Var.1 (Trage): Parkplatz an der Talstation der Arber Bergbahn. Var.2 (Kinderwagen): Parkplatz Kleiner Arbersee Mooshütte.

Infos/Gaststätten: *Gaststätte Seehäusl, direkt am Kleinen Arbersee, www.seehaeusl-kleinerarbersee.de, Tel: 09943 1385. *Kleine Arberseebahn, Lamer Straße 23, 93470 Lohberg, Info-Telefon 09924 7015, www.wenzl-bodenmais.de/kleine-arberseebahn. Richtpreise Erw. € 8,50 und Ki. € 5. Die kleine Arberseebahn fährt von Lohberghütte direkt zur Gaststätte Seehäusl. *Richtpreis Parkgebühren am Parkplatz Arber Bergbahn € 5. *Richtpreis Parkgebühren am Parkplatz Kleiner Arbersee Mooshütte € 3.

Wegbeschreibung: Variante 1 (Trage): Mit Blick auf den Großen Arber verläuft rechts von der Talstation der Bergbahn ein breiter Schotterweg zum Berghaus Sonnenfels. Dort geht es links entlang der Skipiste hinauf bis zu mehreren Wanderschildern am Waldrand. Dort der Beschilderung rechts in den Wald zum Kleinen Arbersee folgen. Den kleinen Arbersee kann man auf einem 1,7 km langen Rundweg erkunden. Gleicher Rück- wie Hinweg.

Variante 2 (Kinderwagen): Die Mooshütte im Rücken geht es auf der

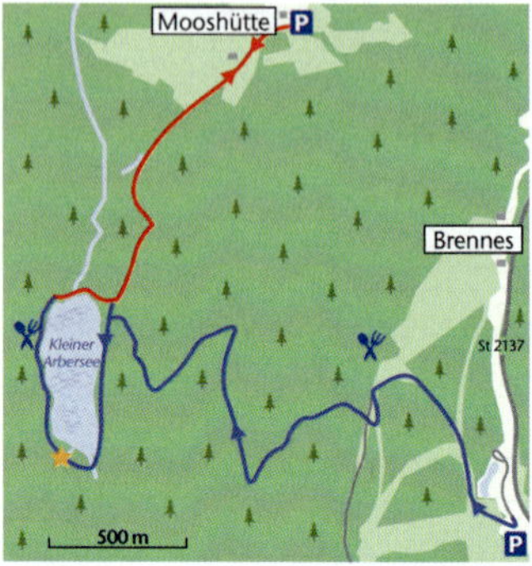

Schotterstraße in den Wald hinein. Mit dem Kinderwagen den ausgeschilderten Abzweig zum Kleinen Arbersee ignorieren und unbedingt auf der Schotterstraße bleiben. An der nächsten T-Kreuzung links und das letzte Stück zum See auf einem breiten Waldweg. Hinweis: Mit Kinderwagen ist keine Seeumrundung möglich. Gleicher Rück- wie Hinweg.

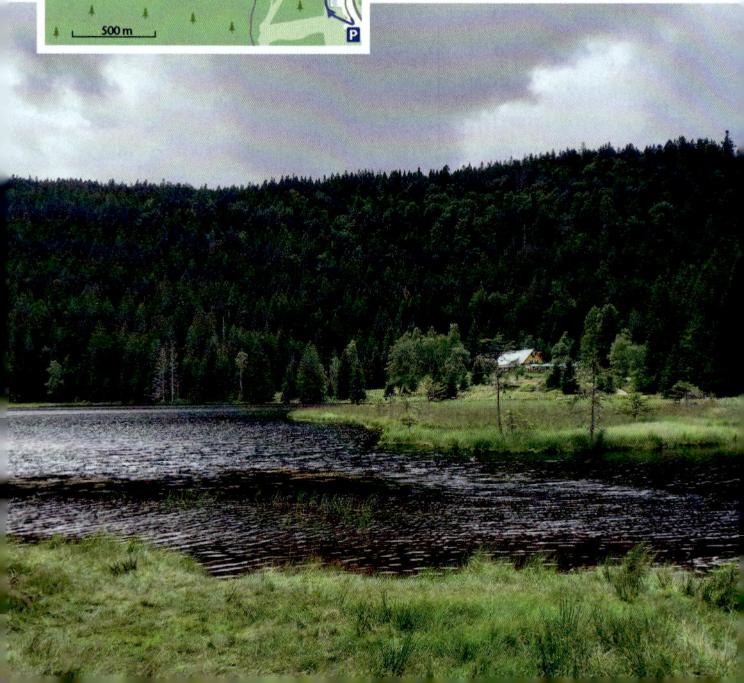

Zusatztipps

Neubäu am See

Seeweg

Abwechslungsreicher Weg rund um den Neubäuer See mit Aussichtspunkten und Informationstafeln.

Adresse: P an der Schwärzenstraße, Neubäu am See, 93426 Roding
Dauer: RW 4,5 km; 1 ¼ h.

Lambach

Naturerlebnispfad Holzweg

Verschiedene Stationen geben Einblicke in den Lebensraum Wald.

Adresse: Lambach, 93462 Lam.
Dauer: RW 2,4 km; ¾ h.

Arrach

„Klima-Terrain-Rundweg“

Der Rundweg im Natur-Art-Park verbindet auch den Seepark und den Arracher-Moor-Park. Abwechslungsreicher und interessanter Spaziergang.

Adresse: Regentalstraße, 93474 Arrach.
Dauer: RW 3,5 km; 1 h.

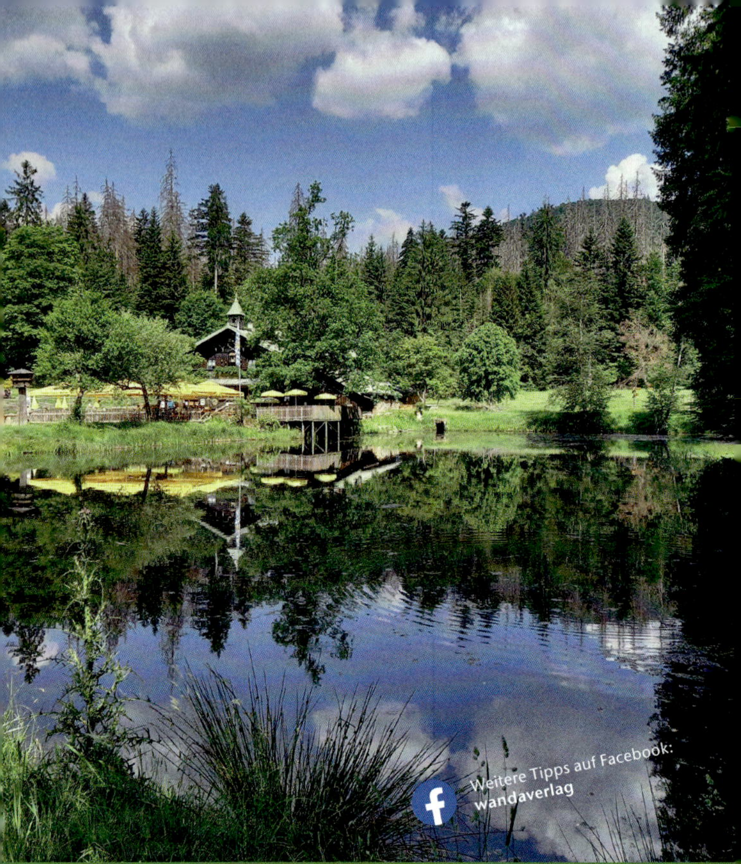

II. Landkreis Regen

- Arberland Bayerischer Wald
- Ferienregion Nationalpark Bayerischer Wald
- Nationalpark Ferienland Bayerischer Wald
- Zwieseler Winkel

10 Großer Arber (1.456 m)

Bayerisch Eisenstein: der König des Bayr. Waldes **

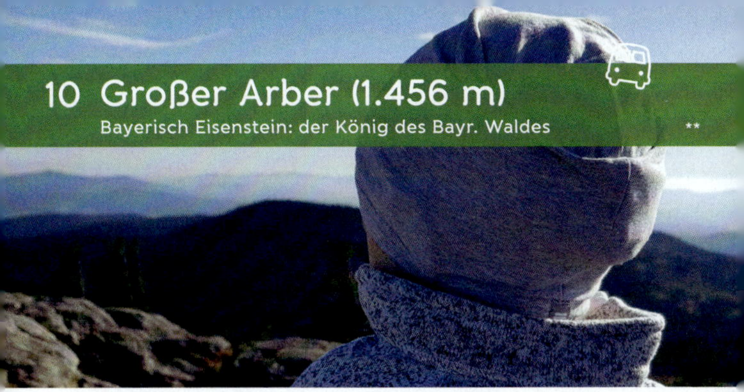

Der Große Arber ist der höchste Berg im Bayerischen Wald und bietet wunderbare Ausblicke auf die umliegenden Täler und Höhenzüge. Auf den Arber führen mehrere Wege, der hier beschriebene ist der kürzerste, der mit Kinderwagen möglich ist. Der Aufstieg erfordert aufgrund der Steilheit eine gute Kondition. Der Große Arber umfasst, neben dem Hauptgipfel mit Gipfelkreuz, den Bodenmaiser Riegel und den Kleinen und Großen Seeriegel. Hinweis: Der gesamte 1,3 km lange Gipfelrundweg ist nicht kinderwagentauglich, nur ein Stück bis zur felsigen Passage ist möglich. Hier empfiehlt sich eine Trage.

Wetter: Anforderung: Gesamtdauer: 2 h

Anforderung:	Aufstieg: schwer und sehr konditionsraubend mit Kinderwagen (angenehmer mit Trage); 400 Hm; durchgängig steil; breite Schotter- und Waldwege, abschnittsweise sehr steinig; Kinderwagen speziell beim Abstieg sichern! Gipfel-RW: grober Schotterweg, geringe Steigungen, felsige Passagen, nur Teile sind mit Kinderwagen möglich.
Dauer:	Aufstieg (eine Strecke): 1 h; 4 km. Gipfel-RW: 20 Min.; 1,3 km.
Wetter:	Bei Schönwetter. Im Winter Rodelbahn.

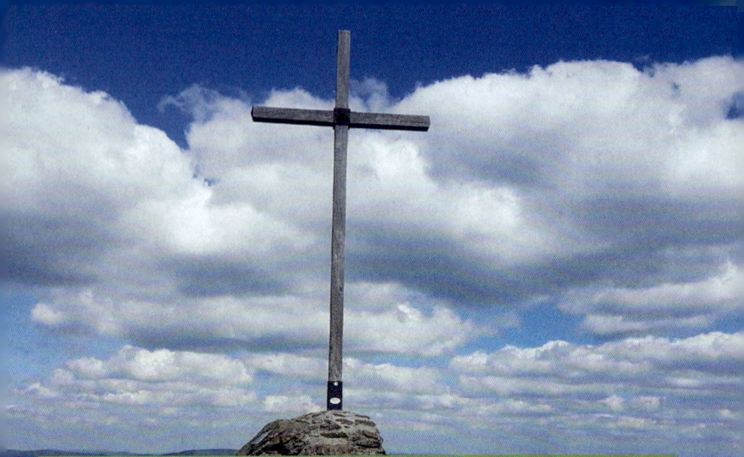

Wanderwert für (Geschwister) Kinder:	
2–3 Jahre:	In diesem Alter empfehle ich die Auffahrt mit der Gondel und den Gipfelrundweg. Aufgrund der Höhenmeter nur mit Trage oder Kinderwagen empfehlenswert.
4–6 Jahre:	Für sehr gehfreudige Kinder geeignet; im Winter Rodelbahn.
Kinderfahrrad:	Nein.

Navi: 94252 Bayerisch Eisenstein, Brennesstraße, Parkplatz Talstation Großer Arber.

Anfahrt: Von Zwiesel kommend der B11 folgend über Regenhütte und den Großen Arbersee zur Talstation. Von Regen kommend der St2135 folgend nach Langdorf und auf der St2132 weiter nach Bodenmais. In Bodenmais der Beschilderung in das Arbergebiet folgen.

Bus/Bahn: Hst. Talstation Arber Bergbahn.

Ausgangspunkt/P: Parkplatz Talstation Großer Arber.

Infos/Gaststätten: *Eisensteinerhütte und *Arberschutzhaus in Gipfelnähe, beide sind sehr schön gelegene Einkehrmöglichkeiten, die jedoch aufgrund der Gondelnähe stark besucht sind. *Gasthaus zur Gondelbahn an der Talstation, Nähe Parkplatz. Nur im Winter geöffnet. *Gasthaus Sonnenfels nach ¼ Wegstrecke, nettes Gasthaus mit Aussicht, weniger überlaufen, da schon etwas von der Bergstation entfernt. Kein Ruhetag. *Richtpreis Berg- und Talfahrt Erw. € 15, Kinder € 10. Alle Infos unter: www.arber.de. *Richtpreis Parkgebühren € 5. *An der Talstation befindet sich ein schöner Kinderspielplatz.

Wegbeschreibung: Aufstieg Großer Arber: Vom Parkplatz zunächst zu der Talstation der Bergbahn gehen. Von dort führt rechts ein breiter Schotterweg zu einer Freifläche hinauf, wo sich das Gasthaus Sonnenfels befindet. Nun am Pistenrand dem Wanderweg folgen und schon sind die markanten Radartürme am Berggipfel zu sehen. Der Weg führt im weiteren Verlauf in ein Waldstück, ehe der sogenannte Schmugglerweg zur Bergstation führt. Von dort aus führt ein steiler Schotterweg hinauf zum Gipfel. Gleicher Rück- wie Hinweg. Gipfel-Rundweg: Dieser ist selbsterklärend und bestens beschildert.

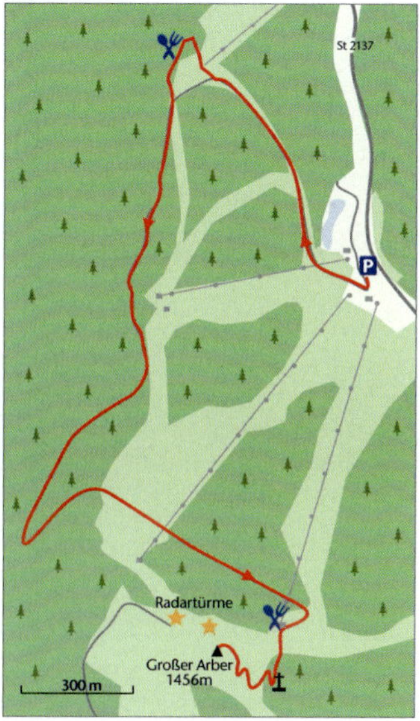

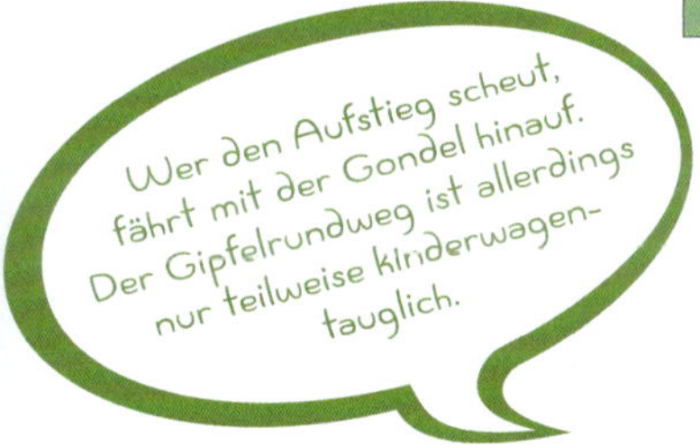

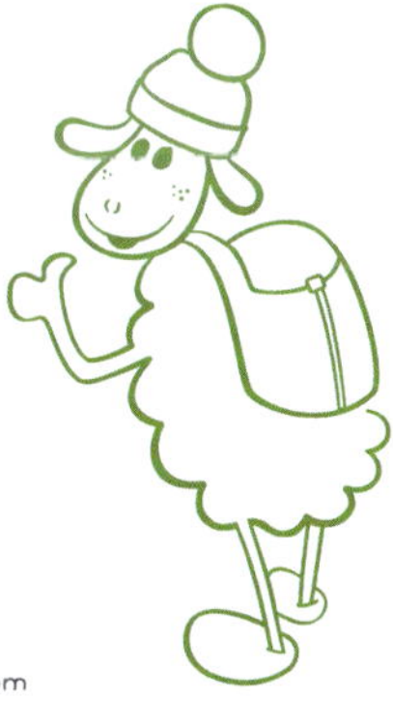

11 Großer Arbersee (935 m)

Bayerisch Eisenstein: einzigartiges Biotop ***

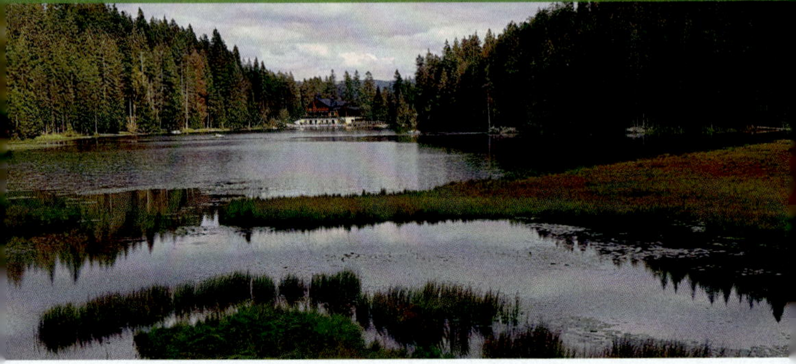

Der Rundweg, der entlang dieses von Hochwald umschlossenen Karsees führt, lädt zu jeder Jahreszeit zu einem Spaziergang ein und bietet wunderbare Einblicke in dieses einzigartige Biotop. Die imposante Arberseewand und die schwimmenden Schwingrasen verleihen eine einzigartige Atmosphäre. Informationstafeln rund um den Großen Arbersee geben dabei wissenswerte Einblicke in die Geschichte und die Tier- und Pflanzenwelt des Naturschutzgebietes. Für Kinder sehr nett ist der Tretbootverleih. Bei unserem Kleinen sehr beliebt ist die Waldkugelbahn. Durch Einwurf von einem Euro bekommt man eine Kugel aus einem alten Kaugummiautomaten und dann kann der Spaß beginnen.

Wetter: Anforderung: Gesamtdauer: ¾ h

Anforderung: Leicht; fast eben; breiter Waldweg oder Holzbohlen.

Dauer: RW: ¾ h; 1 ½ km.

Wetter: Für jedes Wetter, auch für Niesel- oder heißes Wetter geeignet. In der Höhe ist es jeweils um einige Grad kühler als im Tal. Im Winter ist der Weg eher ein Trampelpfad und rutschig.

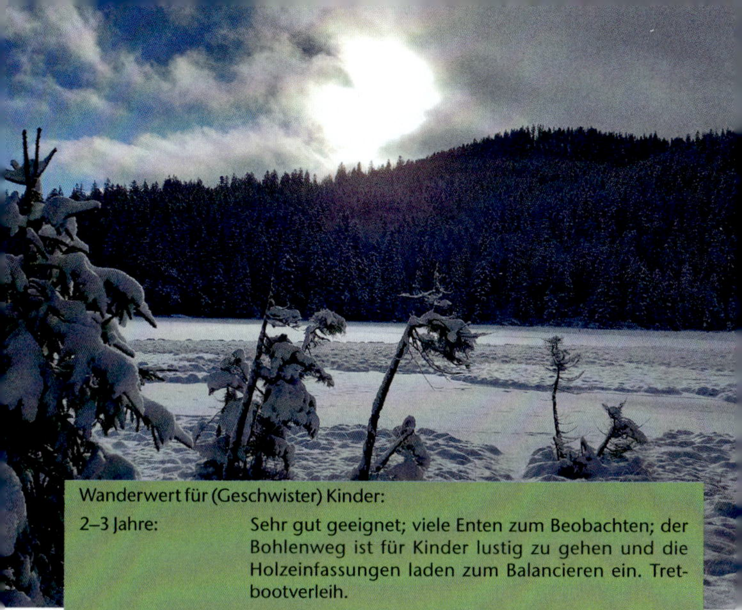

Wanderwert für (Geschwister) Kinder:	
2–3 Jahre:	Sehr gut geeignet; viele Enten zum Beobachten; der Bohlenweg ist für Kinder lustig zu gehen und die Holzeinfassungen laden zum Balancieren ein. Tretbootverleih.
4–6 Jahre:	Sehr gut geeignet, siehe 2–3 Jahre.
Kinderfahrrad:	Nein.

Navi: 94252 Bayerisch Eisenstein, Arberseestraße 42.

Anfahrt: Von Bodenmais kommend über die Arberseestraße zum Bretterschachten und weiter zum Großen Arbersee; von Zwiesel kommend über die B11 nach Regenhütte und von dort auf der St2137 zum Großen Arbersee; von Bayerisch Eisenstein kommend über die Brennesstraße auf der St2154 über die Talstation Großer Arber zum Großen Arbersee.

Bus/Bahn: Hst. Großer Arbersee.

Ausgangspunkt/P: Parkplatz Großer Arbersee.

Infos/Gaststätten: *Arberseehaus direkt am Ausgangspunkt, Tel. 09925 902003, www.arberseehaus.de, tgl. geöffnet, fallweise bei „schlechtem Wetter" geschlossen. *Kleiner Kiosk, kleine Speisekarte, Getränke, Eis. *Waldkugelbahn: pro Kugel € 1. *Tretbootverleih beim Kiosk, Richtpreis € 10/halbe Stunde. *Gebührenpflichtiger Parkplatz, Richtpreis € 4.

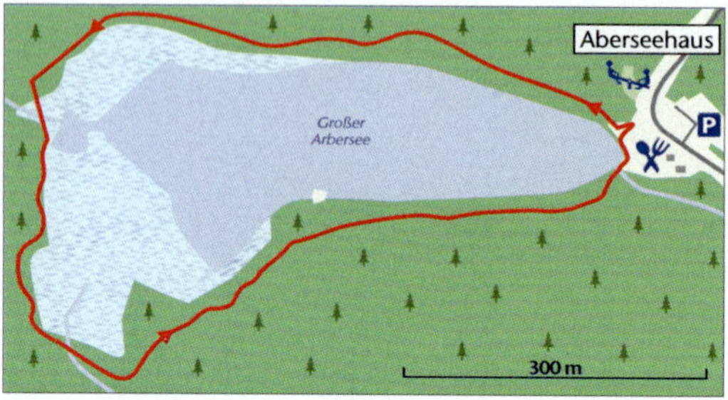

Wegbeschreibung: Vom Ausgangspunkt ist der Weg selbsterklärend, man kann sich nicht verlaufen. Eine rote „Eins“ markiert den Rundweg.

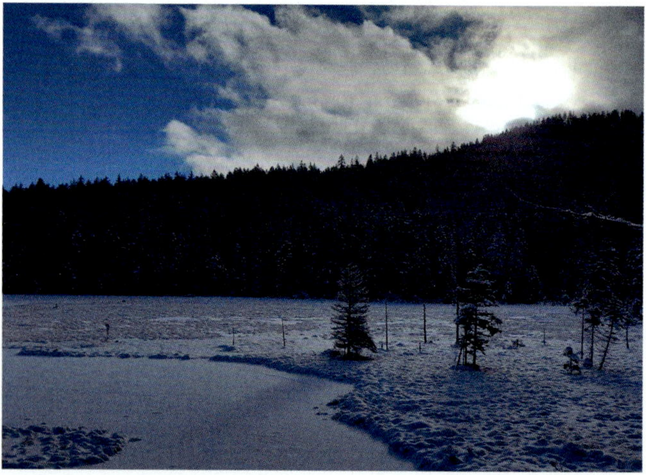

12 Schwellhäusl

Zwieslerwaldhaus: Urwald ***

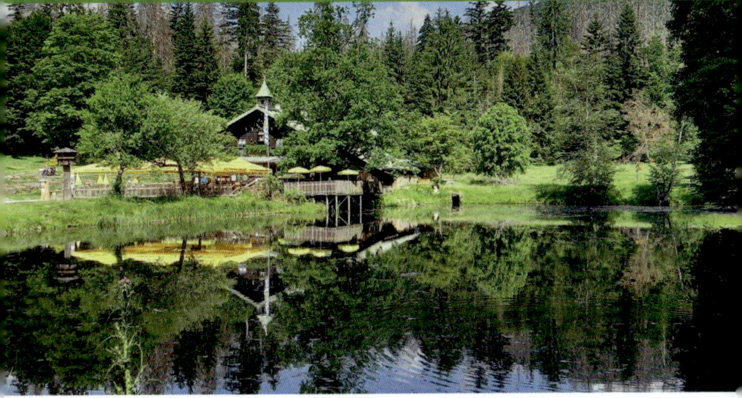

Über eine Rast im bekannten Ausflugsziel Schwellhäusl freut sich bestimmt jeder, dennoch ist bei dieser Wanderung der Weg das Ziel. Wer mit der Trage unterwegs ist, kann den kurzen Abstecher zur stärksten Tanne des Bayerischen Waldes machen. Sie hat einen Stammdurchmesser von zwei Metern und eine Höhe von über 50 Meter. Der Rückweg vom Schwellhäusl verläuft entlang des Schwellgrabens. Ehemals ein Triftkanal für Holz, lockt er nun Kinder zum Pritscheln und Abkühlen. Auf jeden Fall Wechselkleidung einpacken.

Wetter: Anforderung: Gesamtdauer: 1 h

Anforderung: Mittel sowohl mit Kinderwagen als auch mit Trage; 100 Hm; kurze steile Abschnitte; breite feine Schotterwege, gut begehbarer breiter Waldweg.

Dauer: RW: 1 h; 4 km.

Wetter: Bei jedem Wetter empfehlenswert, auch bei leichtem Regenwetter. Im Winter ziehen wir die Kinder im Schlitten.

Wanderwert für (Geschwister) Kinder:	
2–3 Jahre:	Triftkanal zum Pritscheln, Spielplatz, Tiere am Ziel.
4–6 Jahre:	Siehe 2–3 Jahre, Urwalderlebnisweg.
Kinderfahrrad:	Nein.

Navi: 94227 Lindberg/Zwieslerwaldhaus, Zollhausstraße.

Anfahrt: Von Zwiesel kommend auf B11 in Richtung Bayerisch Eisenstein. Nach Ludwigsthal rechts der Ausschilderung Zwieslerwaldhaus folgen. Am Ende der Ortschaft links zum Wanderparkplatz Brechhäuslau abbiegen.

Bus/Bahn: -

Ausgangspunkt/P: Wanderparkplatz Brechhäuslau.

Infos/Gaststätten: *Schwellhäusl, Tel. 09925 460, www.schwellhaeusl.de, täglich geöffnet 10–17 Uhr.

Wegbeschreibung: Der Rundweg ist sehr gut mit dem Schwarzstorch ausgeschildert. Vom Parkplatz geht es zunächst auf einer asphaltierten Straße bergab zur Großen Deffernik, die über eine Brücke überquert wird. Bei der Weggabelung rechts am Schotterweg zunächst stark ansteigend nach oben. Nach ca. zehn Minuten führt links ein Holzbohlenpfad zum ältesten und größten Baum des Bayerischen Waldes. Der Hans-Watzlik-Hain, also der Urwalderlebnispfad, mündet wieder auf die breite Schotterstraße. Mit dem Kinderwagen geht es nicht über den Waldpfad, sondern über den bekannten Weg weiter zum Schwellhäusl. Vom Schwellhäusl geht es dann auf der anderen Seite, am kleinen Gewässer vorbei, zurück in den Wald und am Schwellgraben zurück zur Weggabelung. Von dort auf der asphaltierten Straße zurück zum P.

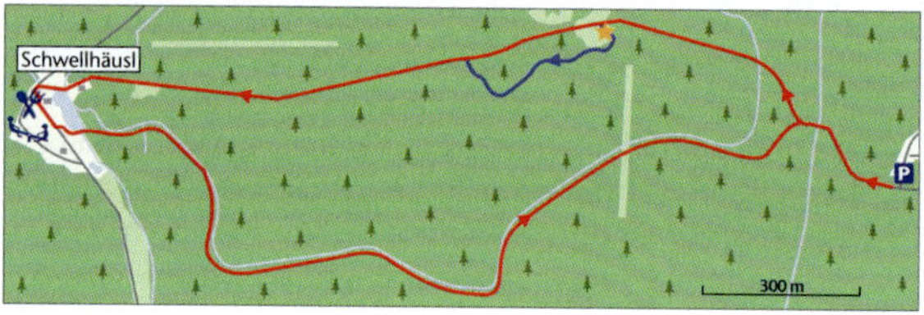

13 TT Großer Falkenstein (1.315 m)

Zwieslerwaldhaus: umgeben von Urwaldgebieten **

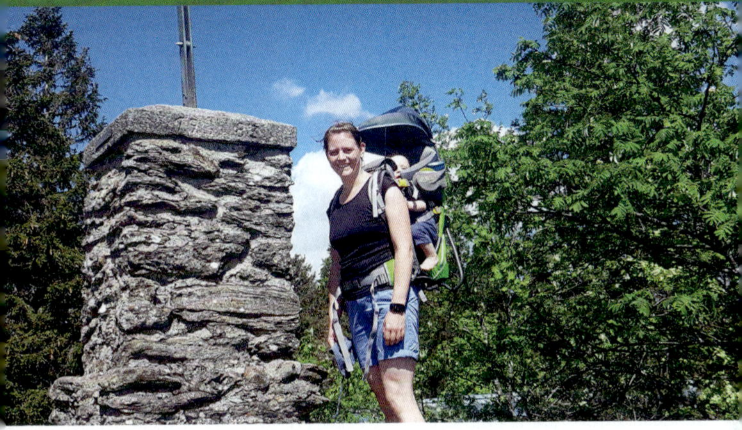

Zu Fuß oder mit dem Mountainbike: Der Große Falkenstein ist auf vielen Wegen zu erreichen. Für uns der schönste Weg führt über das Urwaldgebiet und den Kleinen Falkenstein. Vom Gipfel, aber auch vom Panoramafenster des neu gebauten Falkenstein Schutzhauses hat man einen schönen Weitblick. Freilich eine anstrengende Bergwanderung, die gute Kondition erfordert und bei der die Kraxe nicht fehlen darf. Für bergerfahrene Familien ein schönes Gipfelerlebnis mit Hoiwa-Sträucher am Weg. Für Kinderwagen gibt es einen Schotterweg, den wir jedoch nicht empfehlen, da zu monoton und anstrengend.

Wetter: Anforderung: Gesamtdauer: 4 h

Anforderung:	Schwierig; 600 Hm; steil, viele steile Passagen; überwiegend verwurzelte und steinige Waldwege, breiter Schotterweg.
Dauer:	Tragetour eine Strecke: 2 h; 4,5 km.
Wetter:	Schönes Bergwetter mit guter Fernsicht.

Wanderwert für (Geschwister) Kinder:	
2–3 Jahre:	Bei dieser Tour überwiegend in der Kraxe, wenige Attraktionen am Weg.
4–6 Jahre:	Nur für sehr gehfreudige Kinder.
Kinderfahrrad:	Nein.

Navi: 94227 Lindberg/Zwieslerwaldhaus, Waldhausstraße.

Anfahrt: Von Zwiesel kommend auf B11 in Richtung Bayerisch Eisenstein. Nach Ludwigsthal rechts der Ausschilderung nach Zwieslerwaldhaus folgen. Auf der linken Seite, gegenüber Ghf. Scharnagel, befindet sich ein großer ausgeschilderter Parkplatz.

Bus/Bahn: Hst. Zwieslerwaldhaus.

Ausgangspunkt/P: Parkplatz Zwieslerwaldhaus.

Infos/Gaststätten: *Falkenstein Schutzhaus, Tel. 09925 903366, www.schutzhaus-falkenstein.de, aktuelle Öffnungszeiten siehe Homepage.

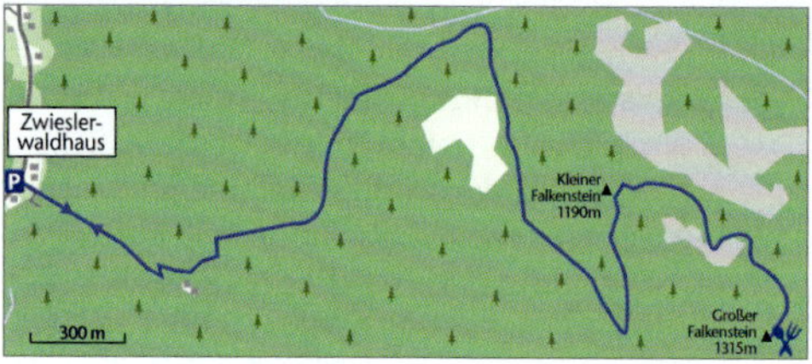

Wegbeschreibung: Die Wanderung auf den Großen Falkenstein ist durchgängig mit „Eibe“ gut beschildert. Vom Parkplatz geht es durch den Wald stetig ansteigend über das Urwaldgebiet Mittelsteighütte und den Adamsteig zum Kleinen Falkenstein (1.190 m) und weiter zum Gipfel des Großen Falkenstein. Randbemerkung: Der Große Falkenstein ist auch auf breiten Schotterwegen zu erreichen und somit auch mit einem geländegängigen Kinderwagen oder auch mit Mountainbikes. Allerdings sind dabei 8 km eine Strecke und 600 Hm zu überwinden. Sehr anstrengend und mind. 2 ½ Stunden einplanen, also wirklich nur etwas für Leute, die sich quälen wollen. In diesem Fall durch die Ortschaft Zwieslerwaldhaus - die Forststraße führt dann beschildert zum Gipfelplateau.

14 Nationalparkzentrum Falkenstein

Ludwigsthal: Besucherzentrum ***

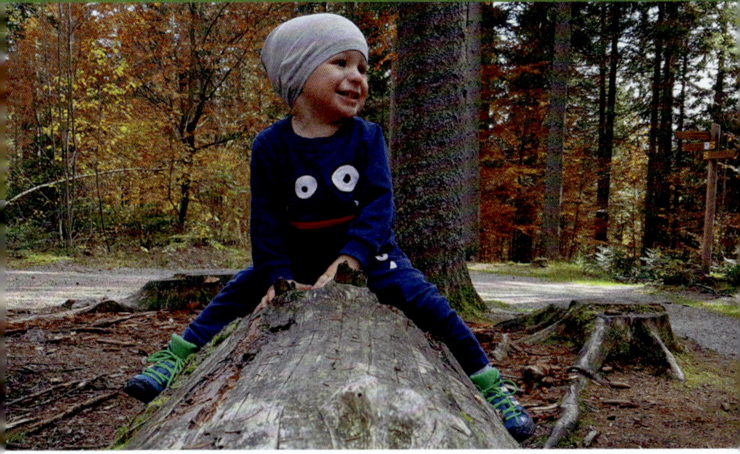

Das Nationalparkzentrum Falkenstein erstreckt sich über ein großes Areal und bietet bei freiem Eintritt allerhand Sehenswertes (nur Parkgebühren). Im "Haus zur Wildnis" befinden sich neben dem Besucherzentrum mit wechselnden Ausstellungen ein Restaurant sowie ein Indoor-Spielplatz. Im angrenzenden Tierfreigelände können Urrinder, Wildpferde, Wölfe und Luchse bestaunt werden. Eine super Alternative bei Regenwetter, eines unserer liebsten Ausflugsziele. Unsere Kinder sind immer sehr begeistert und entdecken jedes Mal etwas Neues.

Wetter: Anforderung: Gesamtdauer: 1 h

Anforderung: Leicht; 90 Hm; kurze Abschnitte mit mäßigen Steigungen; breite feine Schotterwege.

Dauer: RW: 1 h; 3 km.

Wetter: Für jedes Wetter geeignet, auch bei Regenwetter. Im Winter geräumt. Ganzjährig begehbar.

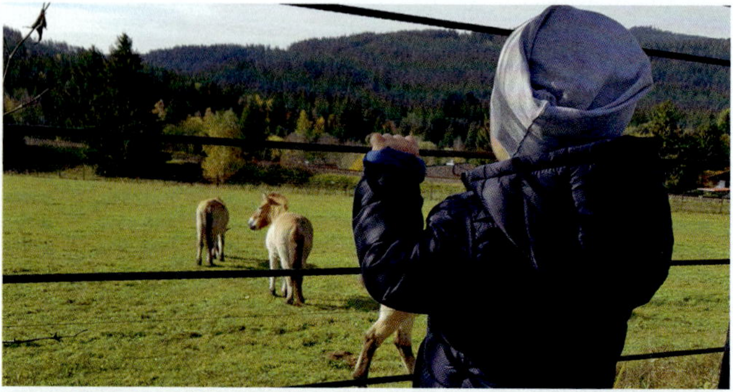

Wanderwert für (Geschwister) Kinder:

2–3 Jahre:	Super geeignet; der Weg ist sehr kurzweilig. Es gibt ein Tierfreigelände mit Urrindern, Przewalski-Wildpferden, Luchsen und Wölfen. Spielplatz und Kindererlebnisraum im "Haus zur Wildnis".
4–6 Jahre:	Siehe 2–3 Jahre; informative Steinzeithöhle, Aussichtsturm beim Wolfgehege.
Kinderfahrrad:	Grundsätzlich ja, jedoch sollte beachtet werden, dass einige Höhenmeter zurückgelegt werden müssen.

Navi: 94227 Ludwigsthal, Eisensteiner Straße 20.

Anfahrt: Von Zwiesel kommend auf der B11 Richtung Bayerisch Eisenstein, am Ortsausgang von Ludwigsthal befindet sich das Besucherzentrum.

Bus/Bahn: Hst. Ludwigsthal/Haus zur Wildnis mit Waldbahn und Igelbus.

Ausgangspunkt/P: Parkplatz Nationalparkzentrum Falkenstein.

Infos/Gaststätten: *Besucherzentrum "Haus zur Wildnis", Tel: 09922 8039903. *Gastronomie Haus zur Wildnis, www.gastronomie-hauszurwildnis.de; kein Eintritt, lediglich Parkgebühren. Richtpreis € 3.

Wegbeschreibung: Vom Parkplatz aus sind die verschiedenen Wege zum "Haus zur Wildnis" sowie zu den Außenanlagen gut ausgeschil-

dert. So kann jeder nach Lust und Laune seine eigene Route einschlagen und das gesamte Areal erkunden.

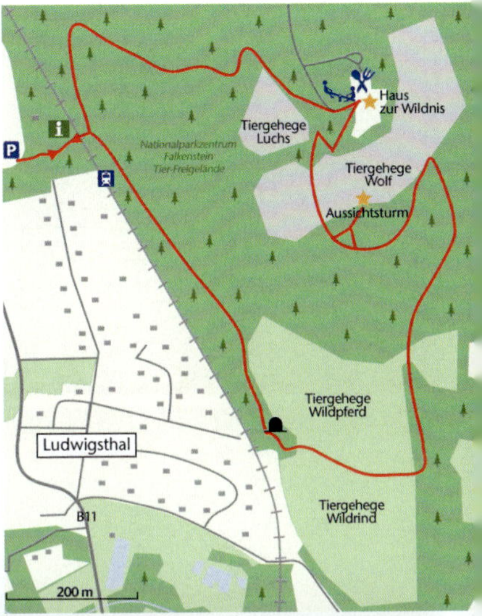

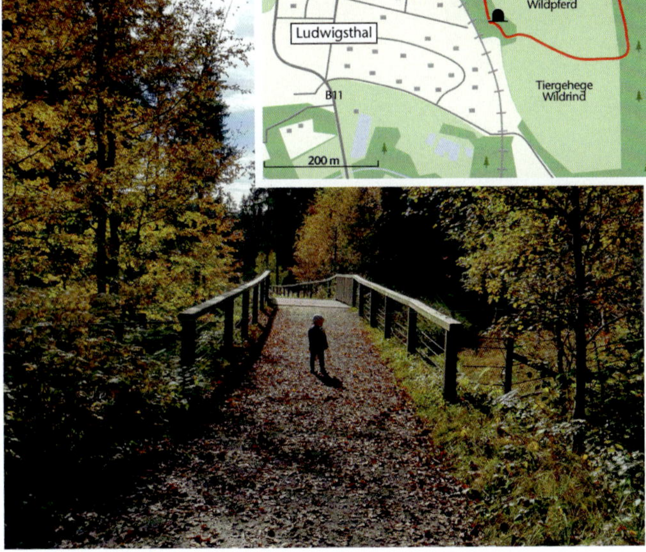

15 Tragetour rund um Scheuereck

Scheuereck: rasten, spielen, pritscheln **

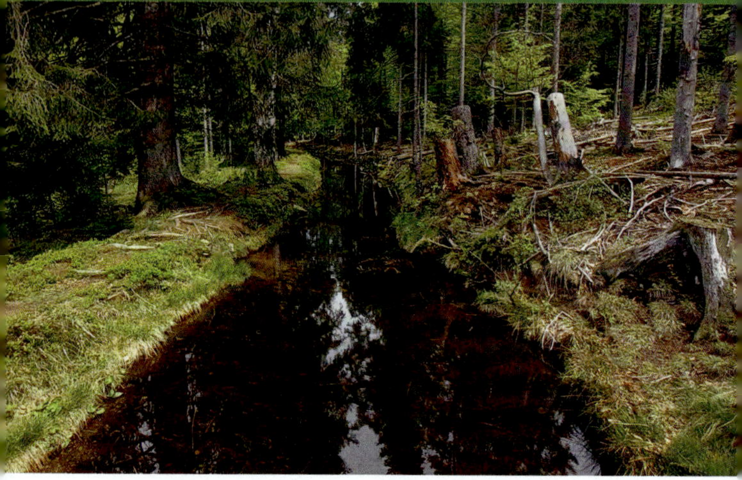

Kurzweilige Wanderung rund um Scheuereck, die zum einzigen Schachten im Bayerischen Wald führt, der sich nicht in den Hochlagen befindet. Auch wenn man noch nicht weit gewandert ist, bietet sich die Lichtung für eine Rast oder ein Picknick an. Breite Schotterwege und Waldpfade führen außerdem an einem Bächlein, einem Spielplatz und einem Hirschgehege vorbei. Da müssen wir immer mehr Zeit einplanen.

Wetter: Anforderung: Gesamtdauer: ¾ h

Anforderung: Leicht–mittel; 80 Hm; kurze Anstiege; überwiegend breite Schotterwege, abschnittsweise schmale Waldwege.

Dauer: RW: ¾ h; 4,2 km.

Wetter: Für jedes Wetter bestens geeignet. Weg verläuft im Wald.

Wanderwert für (Geschwister) Kinder:	
2–3 Jahre:	Kleines Bächlein, kleiner Spielplatz bei der Hälfte des Weges in Spiegelhütte, Hirschgehege in Scheuereck.
4–6 Jahre:	Aufgrund der Distanz und des flachen Verlaufs für erste Waldspaziergänge gut geeignet.
Kinderfahrrad:	Nein.

Navi: 94227 Lindberg, Scheuereck, Böhmweg.

Anfahrt: Von Zwiesel kommend auf der B11 in Richtung Bayerisch Eisenstein. Kurz vor Ludwigsthal rechts nach Spiegelhütte/Buchenau. Über Oberlindbergmühle weiter der Straße folgen, bis Ausschilderung Scheuereck nach links. Von Frauenau kommend auf Zwieseler Straße im Weiler Dampfsäge rechts in Richtung Oberzwieselau/Buchenau abbiegen. Straße weiter bis nach Spiegelhütte folgen. Wenige hundert Meter nach Spiegelhütte rechts abbiegen nach Scheuereck.

Bus/Bahn: -

Ausgangspunkt/P: Wanderparkplatz Scheuereck.

Infos/Gaststätten: *Keine Einkehrmöglichkeit. Proviant und etwas zu trinken mitnehmen.

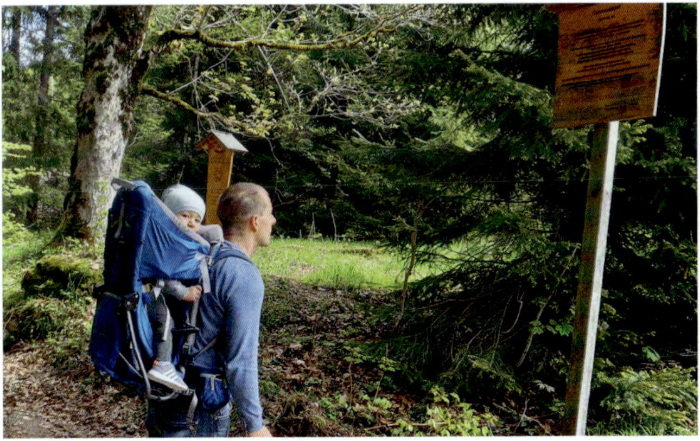

Wegbeschreibung: Vom Wanderparkplatz Scheuereck beginnen viele gut ausgeschilderte Wanderwege ins Falkenstein- oder Schachtengebiet. Der Rundweg „Rothirsch" führt von Scheuereck über den Schachten nach Spiegelhütte und zurück, so dass man sich jederzeit gut orientieren kann. Der Wanderweg führt gleich in den Wald und nach einem kurzen Anstieg erreicht man den Schachten „Am Totenschädel". Auf einem schmalen Waldpfad geht es dann bis zur Ortschaft Spiegelhütte und von dort auf einem breiten Schotterweg zur asphaltierten Straße, die zurück zum Ausgangspunkt führt.

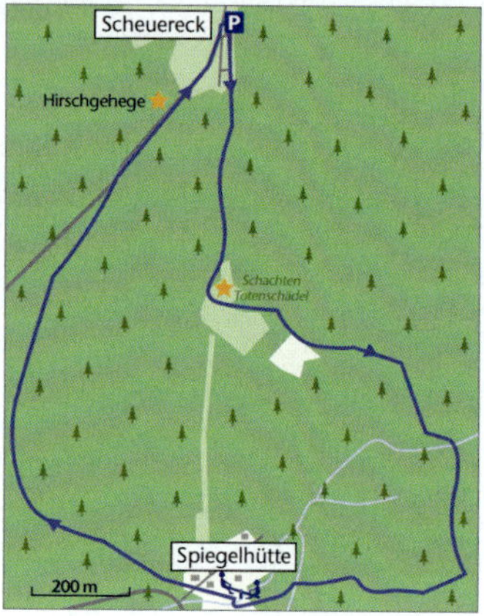

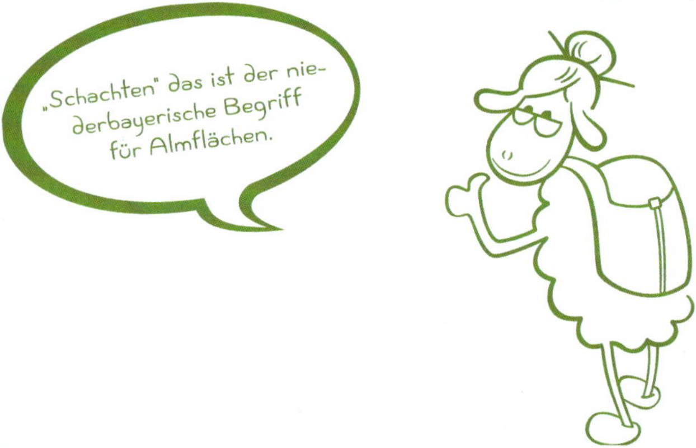

16 Tragetour Lindberger Schachten

Buchenau: drittgrößte Schachten im Bayerischen Wald ***

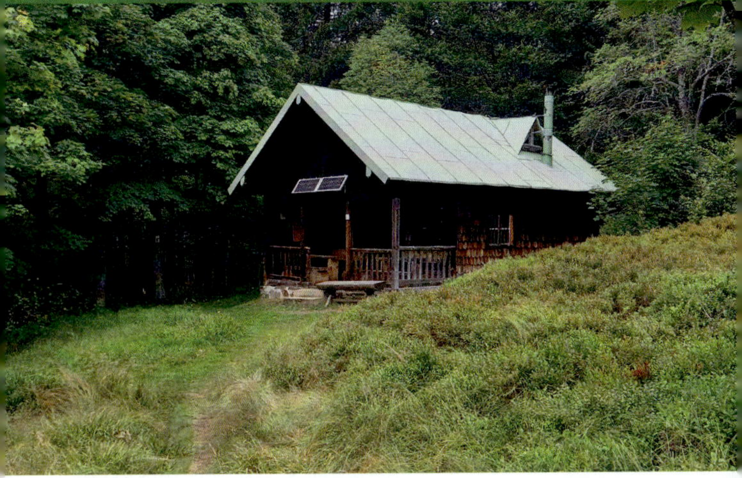

Einer unserer Lieblingsorte, auch wenn der Aufstieg mit Kindern in der Kraxe anstrengend ist. Die Brotzeit und der Blick auf das gegenüberliegende Rachelgebiet lassen die Anstrengungen schnell vergessen. Im Sommer lieben es unsere Buben, von den Howaisträuchern (Heidelbeeren) zu naschen. Die anderen Schachten in den Hochlagen des Bayerischen Waldes sind schwieriger zu erreichen.

Wetter: Anforderung: Gesamtdauer: 2,5 h

Anforderung:	Mittel bis schwer; 380 Hm; stetig ansteigend; schmale, teils steinige und verwurzelte Waldwege.
Dauer:	Eine Strecke: 1 ¼ h; 4,2 km.
Wetter:	Bei jedem Wanderwetter möglich. Hat auch bei leichtem Regen und Nebel seinen Reiz.

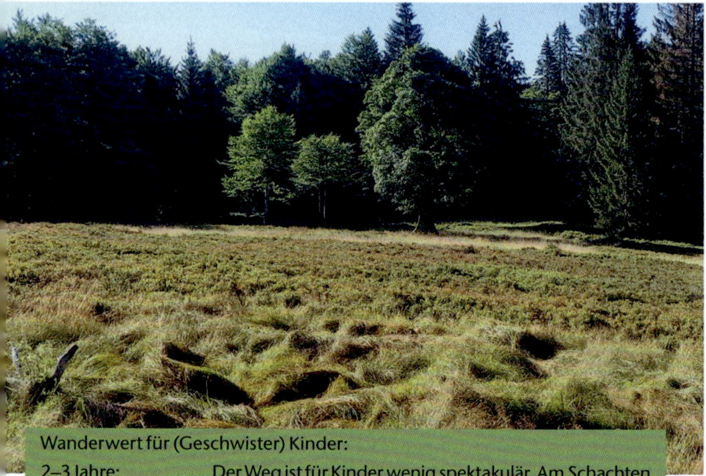

Wanderwert für (Geschwister) Kinder:	
2–3 Jahre:	Der Weg ist für Kinder wenig spektakulär. Am Schachten toben unsere immer gerne und naschen von den vielen Hoiwasträuchern. Ein Picknick rundet unsere Wanderung immer ab.
4–6 Jahre:	Siehe 2–3 Jahre.
Kinderfahrrad:	Nein.

Navi: 94227 Lindberg, Ortsteil Buchenau.

Anfahrt: Von Zwiesel kommend Flanitzer Straße Richtung Frauenau, rechte Abzweigung nach Oberzwieselau und der Straße bis nach Buchenau folgen. Von Grafenau kommend über St2132 nach Spiegelau und Frauenau, von dort auf der Zwieseler Straße bis linke Abzweigung nach Oberzwieselau und der Straße bis Buchenau folgen.

Bus/Bahn: -

Ausgangspunkt/P: Wanderparkplatz Buchenau.

Infos/Gaststätten: *Keine Einkehrmöglichkeit. Bei der unbewirtschafteten Diensthütte am Schachten ist ein perfekter Platz für eine Brotzeit.

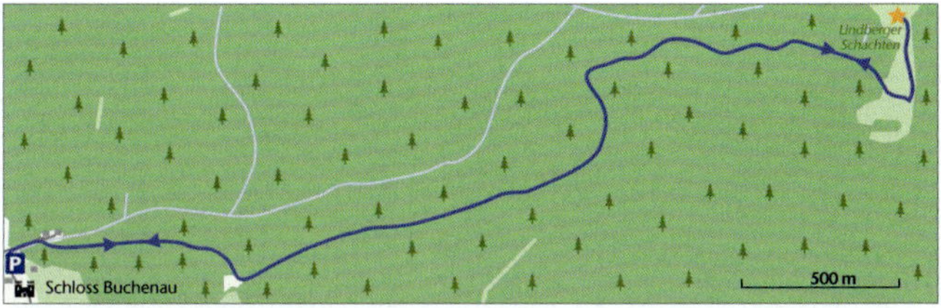

Wegbeschreibung: Vom Wanderparkplatz führt der mit „Pestwurz" ausgeschilderte Wanderweg direkt in den Wald hinein. Bei der Weggabelung rechts hinauf durch den Wald. Nach 15 Minuten erreicht man eine Freifläche, an der mehrere Wege abzweigen. Gut ausgeschildert und ersichtlich führt der Weg weiter ansteigend durch den Wald. Zweimal wird auf dem Weg hinauf zum Schachten eine Schotterstraße überquert. Schließlich erreicht man nach einem steileren Abschnitt den Waldrand und den dahinterliegenden Lindberger Schachten. Am oberen Teil des Schachten befindet sich die unbewirtschaftete Diensthütte. Der Weg führt dabei durch die Hoiwa- und Grasfelder. Gleicher Rück- wie Hinweg.

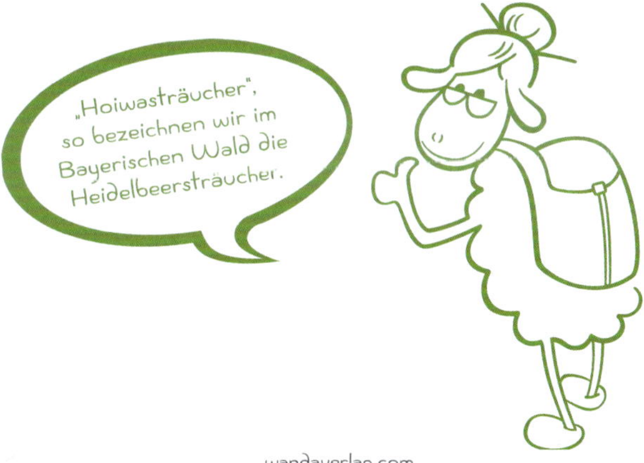

17 Tragetour rund um Buchenau

Buchenau: entspannte Wanderung **

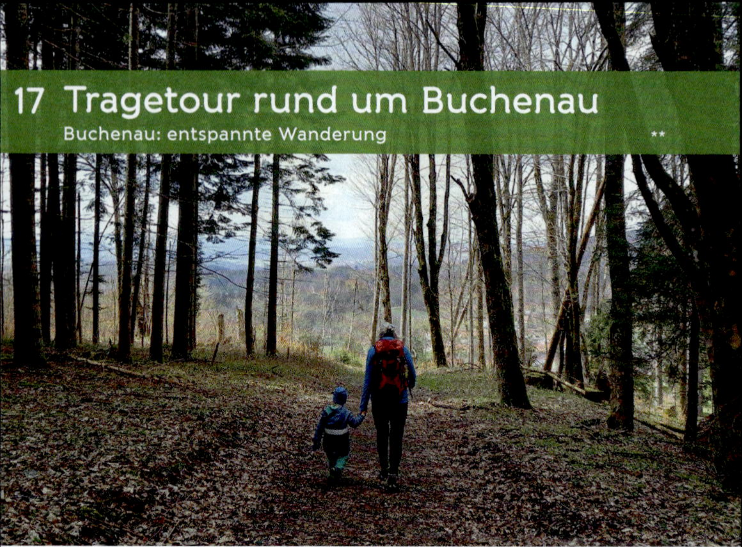

Inmitten des Bayerischen Waldes, zu Füßen der Steinschachtenhänge, liegt das kleine Dorf Buchenau. Die umliegenden Wälder und das Tal des Pommerbaches kann man auf drei unterschiedlich langen Rundwegen erkunden. Dabei bietet gerade der Kleine Rundweg „Fledermaus“, nicht zuletzt aufgrund seiner Länge, alles für eine entspannte Wanderung mit Kindern. Auf breiten und schmalen Waldwegen geht es an Bachläufen durch den Wald und Freiflächen bieten einen schönen Ausblick.

Wetter: Anforderung: Ges.dauer: ¾ h – 1,5 h

Anforderung:	Kurze Variante: Mittel; 110 Hm; Steigung gut verteilt; grobe Schotterwege, meist Waldwege. Längere Variante: Mittel; 220 Hm; vereinzelt steilere Abschnitte; grobe Schotterwege und überwiegend Waldwege.
Dauer:	Kurze Variante: RW: ¾ h; 3 km. Längere Variante: RW: 1 h 30 min; 6,3 km.
Wetter:	Für jedes Wanderwetter gut geeignet.

Wanderwert für (Geschwister) Kinder:	
2–3 Jahre:	In diesem Alter empfehlen wir die kurze Variante; beide Varianten bieten viele Plätze zum Pritscheln und viele Hoiwasträucher (Heidelbeersträucher).
4–6 Jahre:	Für sehr gehfreudige Kinder oder Kinder, die lange in der Kraxe sitzen mögen, ist die längere Variante eine Alternative. Beide Varianten sind landschaftlich ähnlich.
Kinderfahrrad:	Nein.

Navi: 94227 Lindberg, Ortsteil Buchenau.

Anfahrt: Von Zwiesel kommend Flanitzer Straße Richtung Frauenau, rechte Abzweigung nach Oberzwieselau und Straße bis nach Buchenau folgen. Von Grafenau kommend über St2132 nach Spiegelau und Frauenau, von dort auf Zwieseler Straße bis linke Abzweigung nach Oberzwieselau und der Straße bis Buchenau folgen.

Bus/Bahn: -

Ausgangspunkt/P: Wanderparkplatz Buchenau.

Infos/Gaststätten: *Keine Einkehrmöglichkeiten, am besten Proviant einpacken.

Wegbeschreibung: Kürzere Variante: Vom Wanderparkplatz in Buchenau zuerst für wenige Minuten auf der Hauptstraße Richtung Schloss Buchenau, das gut zu erkennen am Ortsende liegt. Beim Schloss führt ein breiter Schotterweg an mehreren Häusern vorbei, ehe der Weg in den Wald und dann leicht ansteigend bis zu einer Freifläche führt.

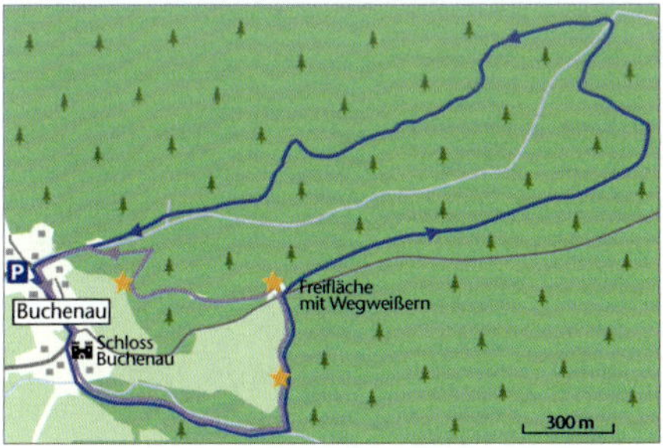

Auf diesem Abschnitt werden die meisten Höhenmeter der Tour zurückgelegt. Auf der Freifläche zweigen viele Wanderwege in jede Richtung ab, diese sind aber gut beschildert, so dass leicht zu erkennen ist, wo der Rundweg fort-

gesetzt werden kann. Für den kleinen Rundweg muss der Markierung "Fledermaus" links in den Wald hinein gefolgt werden. Der Weg führt bergab bis zum Pommerbach und dann weiter zum Wanderparkplatz. Längere Variante: Für Familien, die ein bisschen weiter wandern möchten, bietet sich der mittlere Rundweg „Waldschnepfe“ an. Zuerst folgen beide Varianten dem gleichen Weg bis zu der Freifläche mit den Wegweisern. Dort rechts in den Wald hinein und stetig bergauf, bis zum zweiten Mal eine Schotterstraße gekreuzt wird. Links der Schotterstraße folgen, bis der Rundweg links in den Wald hinein führt und sich zurück zum Ausgangspunkt schlängelt. Beide Rundwege sind sehr gut beschildert.

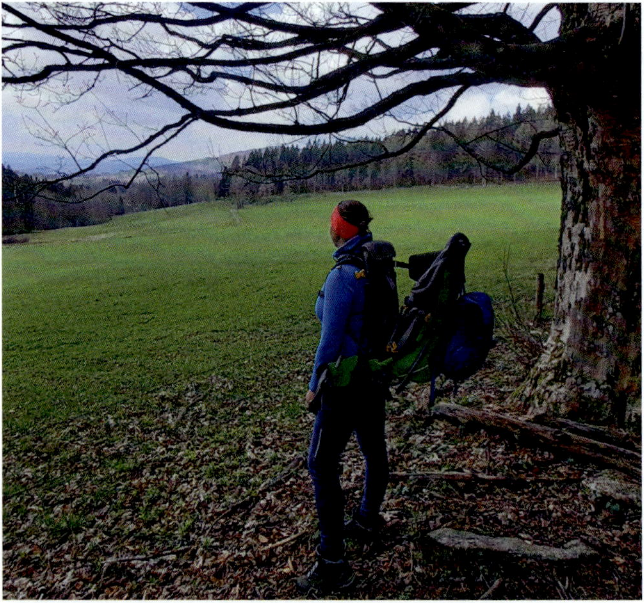

18 Trinkwassertalsperre Frauenau

Oberfrauenau: am Fuße des Großen Rachels **

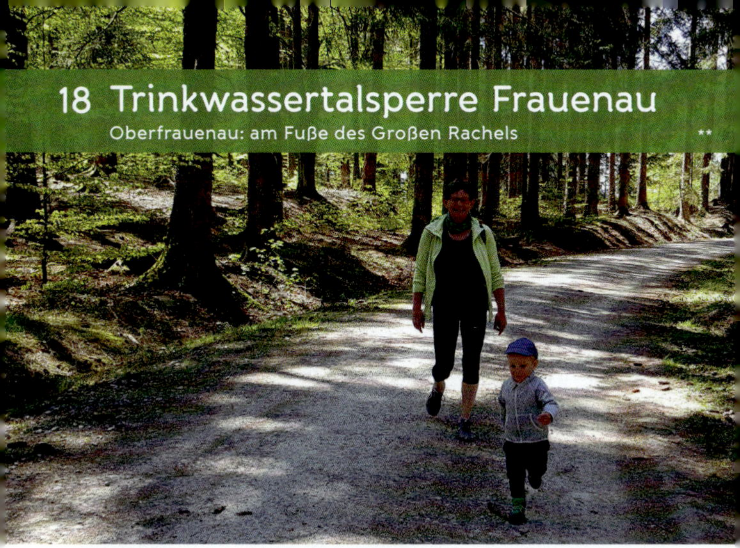

Zur Trinkwassertalsperre Frauenau führen mehrere gut ausgebaute Forstwege und Teerstraßen, die überwiegend durch den Wald oder am Waldrand verlaufen. Viele Rastplätze laden zum Verweilen ein und bieten herrliche Ausblicke auf den Stausee. Ein schöner Anblick ist der Hohe Rachel, der mit seinen 1.452 m Höhe zwischen den Baumspitzen hervorlugt. Viele kleine Bacherl säumen und queren den Weg und laden unweigerlich zum Pritscheln ein. Die gesamte Strecke verläuft am Waldrand oder im Wald und ist daher optimal auch für regnerische und heiße Sommertage geeignet.

Wetter: Anforderung: Gesamtdauer: 3 h

Anforderung:	Leicht; 200 Hm; mehrere moderate Steigungen; breiter feiner Schotterweg und Anliegerstraße.
Dauer:	RW: 3 h; 9 km.
Wetter:	Für jedes, auch für heißes Wetter gut geeignet, da sehr schattig. Im Winter ziehen wir die Kinder immer mit dem Schlitten zur Trinkwassertalsperre.

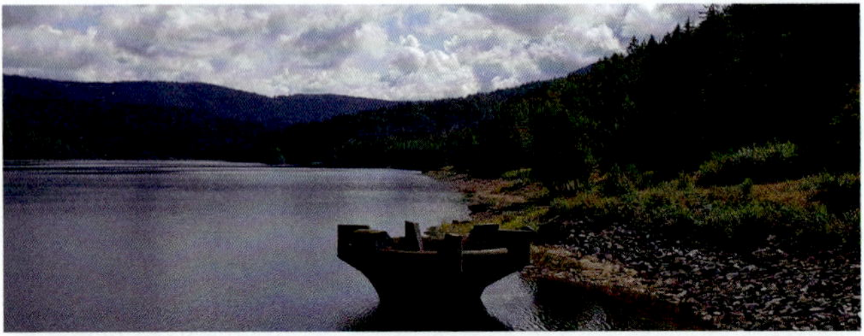

Wanderwert für (Geschwister) Kinder:	
2–3 Jahre:	Aufgrund der Länge nur mit Kinderwagen oder Trage empfehlenswert. Bacherl zum Plantschen. In diesem Alter am besten nur einen kurzen Ausschnitt, z.B. bis zum Stausee oder je nach Belieben herumschlendern. Wechselkleidung nicht vergessen.
4–6 Jahre:	Siehe unter 2–3 Jahre. Die gesamte Strecke ist in diesem Alter eher nicht geeignet, jedoch sehr gut mit Fahrrad.
Kinderfahrrad:	Perfekt geeignet für Räder aller Art.

Navi: 94258 Frauenau, Ortsteil Oberfrauenau.

Anfahrt: Von Grafenau kommend über Spiegelau nach Frauenau. Von Regen kommend über Zwiesel nach Frauenau. In der Ortsmitte von Frauenau an der Ampel Richtung Oberfrauenau , dort befindet sich 500 m nach dem Rosenium Gut Oberfrauenau der Wanderparkplatz.

Bus/Bahn: -

Ausgangspunkt/P: Wanderparkplatz Oberfrauenau.

Infos/Gaststätten: *Ghf. Re(h)serviert, gegenüber Rosenium Gut Oberfrauenau, wunderschöner Biergarten, www.rehserviert.de, Dienstag und Mittwoch Ruhetag.

Wegbeschreibung: Unterhalb des Wanderparkplatzes beginnt die Forststraße, die zur Trinkwassertalsperre führt. Der Rundweg ist durchgehend gut beschildert (weiße 5 bzw. weiße 6 auf einem roten Kreis). Der Weg schlängelt sich entlang eines Triftkanals durch den Wald. Nach etwa einer halben Stunde mündet der Weg auf der asphaltierten Schach-

tenstraße, die direkt zur Einfassung der Trinkwassertalsperre führt. Hier fahren nur ganz selten Autos der Betriebsgesellschaft, ansonsten ist die Straße gesperrt. Beim See angekommen gibt es zwei Möglichkeiten. Mit Trage empfehlen wir den direkt am Ufer verlaufenden Weg, der jedoch stark verwurzelt und steinig ist. Deshalb müssen all jene, die mit Kinderwagen unterwegs sind, auf die etwas oberhalb verlaufende Schotterstraße ausweichen, die jedoch auch schöne Ausblicke auf den See und Großen Rachel bietet. Im Sommer säumen bodendeckend Hoiwastauden (Heidelbeersträucher) diesen Weg, ein Eldorado

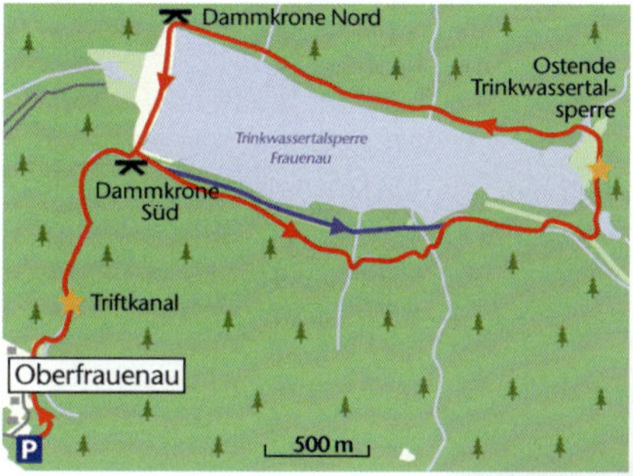

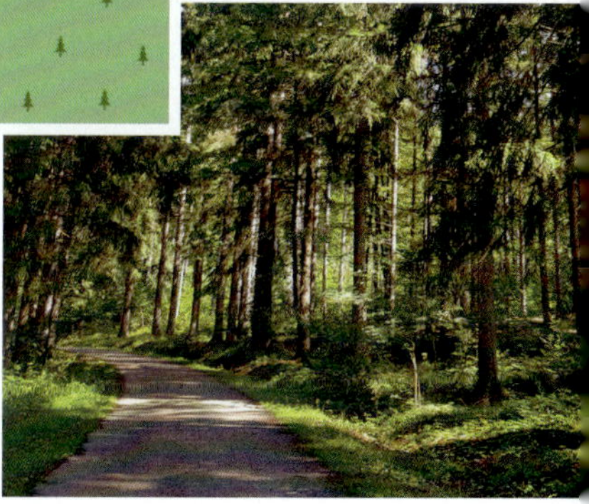

für Naschkatzen. Nach etwa 2 km entlang des Sees münden beide Wege in den Nordweg, der durchgehend asphaltiert ist und wieder zurück zum Ausgangspunkt führt. Insgesamt ist die Runde um den See 5 km lang, wer nicht so lange unterwegs sein möchte, wählt am besten nur ein kurzes Stück aus und geht am gleichen Weg wieder zurück. Landschaftlich unterscheiden sich die Teilstrecken nicht sehr, einzig die Ausblicke auf den See und die Berge ändern sich. Vom Wanderparkplatz zur Staumauer ist man eine Dreiviertelstunde unterwegs und legt drei Kilometer zurück.

19 Tragetour Hennenkobel (965 m)

Rabenstein: Heimat des Hühnerkobelits **

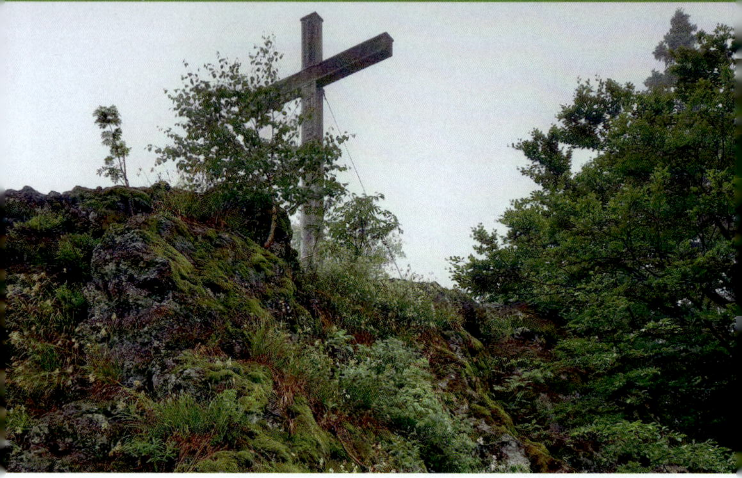

Anspruchsvolle Wanderung auf den Hausberg von Zwiesel, der zwar zu den kleineren Bergen in der Region zählt, jedoch eine schöne Aussicht bietet. Außerdem ist er nach dem Silberberg der mineralreichste Berg im Bayerischen Wald und bekannt für den Hühnerkobalit. Im Gegensatz zu den bekannteren Bergen ist er auch nicht so stark frequentiert. Im kleinen Unterstand kann man auch bei schlechterem Wetter seine Gipfelbrotzeit genießen.

Wetter: Anforderung: Gesamtdauer: 1 ½ h

Anforderung: Mittel; 260 Hm; abschnittsweise steil; überwiegend verwurzelter Waldweg, grober Schotterweg.
Dauer: RW: 1 ½ h; 5,2 km.
Wetter: Bei jedem Wanderwetter geeignet.

Wanderwert für (Geschwister) Kinder:	
2–3 Jahre:	Unbedingt Kraxe mitnehmen. Weg eher langweilig. Felsen am Gipfel.
4–6 Jahre:	Ideal für gehfreudige Kinder als eine erste „größere" Bergwanderung.
Kinderfahrrad:	Nein.

Navi: 94227 Zwiesel, Rabenstein, Steinackerweg 16.

Anfahrt: Von Regen kommend auf der B11 nach Zwiesel/Theresienthal. Über die Theresienthaler Straße und Klautzenbach nach Rabenstein.

Bus/Bahn: -

Ausgangspunkt/P: Parkplatz Skilift Rabenstein (oberhalb Feuerwehrhaus).

Infos/Gaststätten: *Keine Einkehrmöglichkeit. Ausreichend Proviant und Wasser mitnehmen. *Am Gipfelplateau befindet sich eine kleine Wetterschutzhütte.

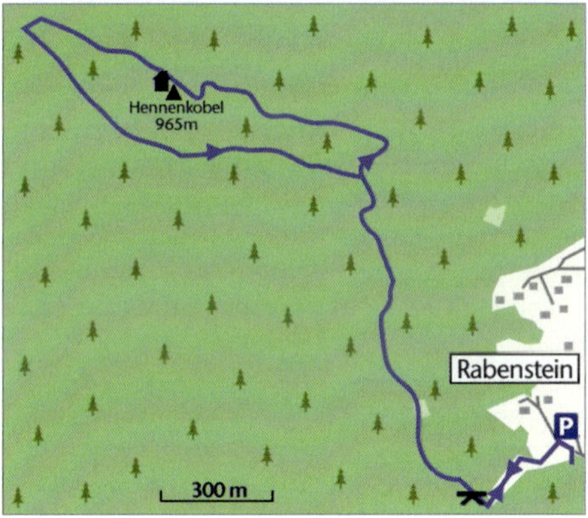

Wegbeschreibung: Vom Parkplatz geht es zunächst zum gegenüberliegenden Skihang mit Hütte. Am rechten Pistenrand führt ein Weg bis zum Wald mit einer Sitzgelegenheit. Direkt dahinter verläuft der mit den Nummern 4 und 29 gekennzeichnete Wanderweg erst relativ eben, dann ansteigend durch den Wald. Im Verlauf des Weges muss zwei Mal ein Schotterweg überquert werden. Beim zweiten Schotterweg befindet sich ein Wegweiser mit

dem Hinweis „steile Strecke“ und „um die Felsen herum“. Der Aufstieg zum Gipfel erfolgt über das kurze steile Stück. Der Abstieg führt dann auf der anderen Seite um die Felsen herum zum Schotterweg. Ab dem Wegweiser gleicher Rück- wie Hinweg.

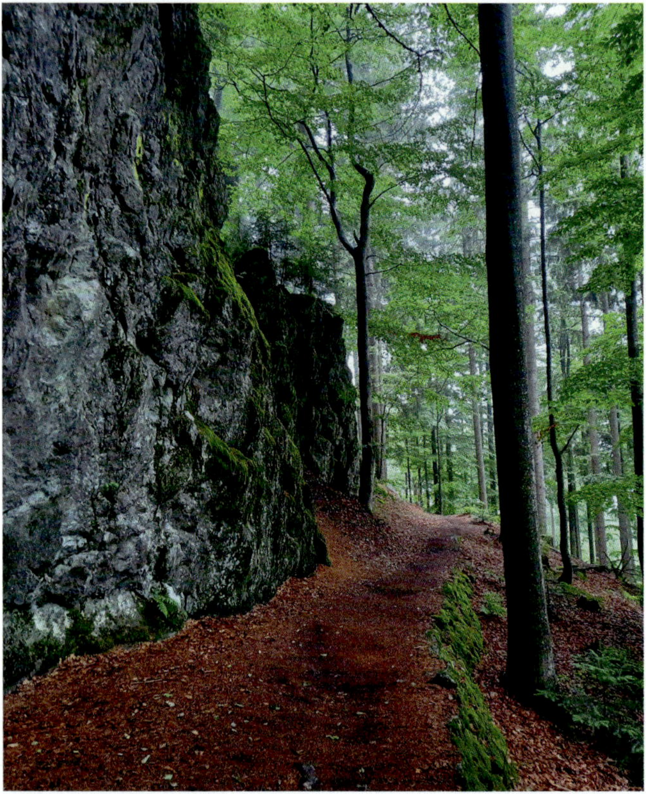

20 Geißkopf (1.097 m)

Bischofsmais: Bergspaß

**

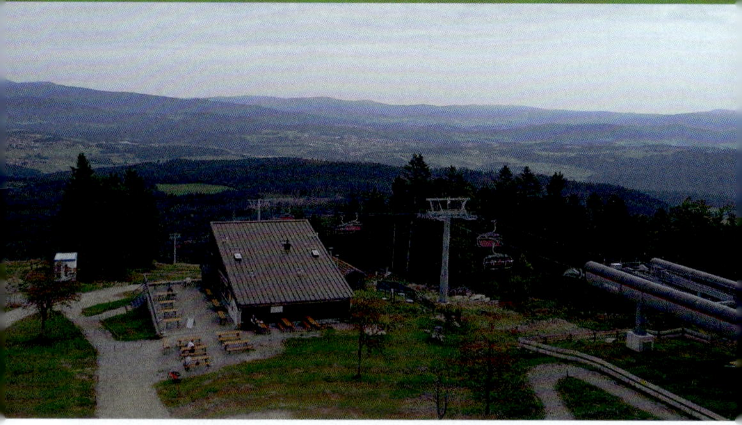

Kinderwagentaugliche Bergwanderung, die gute Kondition und einen geländegängigen Kinderwagen voraussetzt. Durchgängige Schotterwege führen bis zum Gipfelplateau und dem Aussichtsturm, der insbesondere für Kinder seinen Reiz hat. Am Geißkopf befindet sich ein großer Bikepark, dessen Trails vom Wanderweg einsehbar sind. Unser Großer ist immer ganz begeistert, den Bikern bei ihren aufregenden Abfahrten zuzuschauen. Im Winter besteht die Möglichkeit, auf einer zwei Kilometer langen Rodelbahn hinunter zu sausen oder im Kinderskipark die ersten Schwünge zu üben.

Wetter: Anforderung: Gesamtdauer: 1,5 h

Anforderung:	Mittel; 260 Hm; stetig ansteigend; breiter Schotterweg, abschnittsweise grober Schotter.
Dauer:	Eine Strecke: ¾ h; 3 km.
Wetter:	Bei schönem Wanderwetter geeignet. Bei Regen matschig.

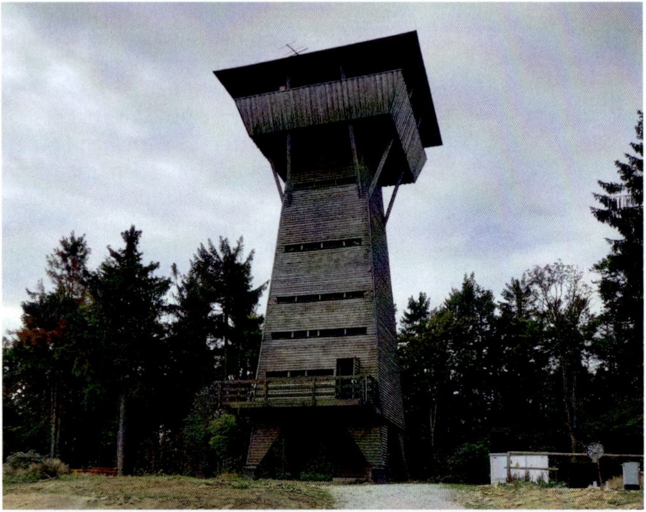

Wanderwert für (Geschwister) Kinder:	
2–3 Jahre:	Spannender Aussichtsturm.
4–6 Jahre:	Winterrodelbahn, Kinderskilifte.
Kinderfahrrad:	Nein.

Navi: 94253 Bischofsmais, Unterbreitenau 3.

Anfahrt: Von Viechtach/Regen kommend auf der B11/B85 nach March. Über Triefenried und Habischried zur Talstation der Geißkopfbahn. Von Deggendorf kommend auf der St2135 über Rusel und Bischofsmais nach Habischried zur Geißkopfbahn.

Bus/Bahn: Hst. Unterbreitenau Geißkopf Talstation, Bischofsmais.

Ausgangspunkt/P: Parkplatz Talstation Geißkopfbahn.

Infos/Gaststätten: *Forstgasthof an der Talstation, Tel. 09920 245. *Geißkopfhütte am Gipfel, schöne Aussichtsterrasse, Tel. 09920 336. *Sessellift, www.geisskopf.de, Richtpreis Erw. Berg- und Talfahrt € 10.

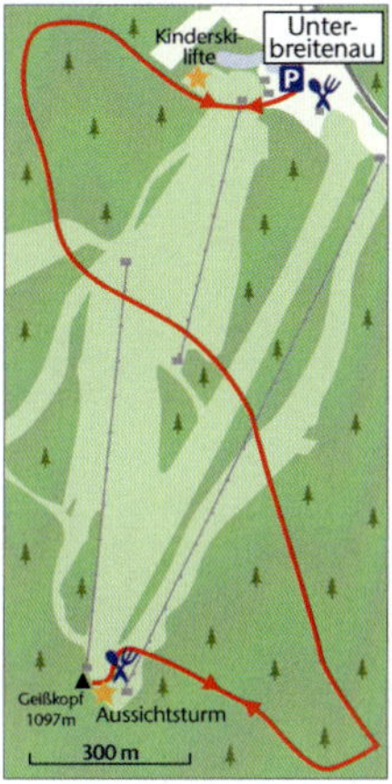

Wegbeschreibung: Vom Parkplatz geht es zunächst rechts von der Talstation in Richtung der Kinderskilifte und des Bogenparks. Ein breiter Forstweg führt durch den Wald und gabelt sich nach kurzer Zeit. Links der ausgeschilderten „Ringstraße“ ansteigend bis zu einer Freifläche folgen. Unter den Liftanlagen hindurch, bis in einem Waldstück rechts abgebogen werden muss. Auf dem letzten Stück bis zum Gipfel befinden sich zwei steilere Rampen. Auf dem Gipfelplateau befindet sich ein Aussichtsturm mit wunderbarem Ausblick auf die gesamte Bayerwald-Bergkette. Gleicher Rück- wie Hinweg.

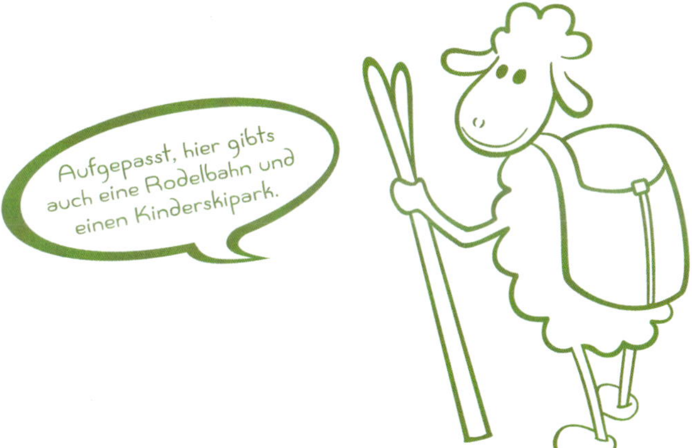

21 Tragetour: Harlachberger Spitze

Bodenmais: Bergerlebnis für die Kleinsten ***

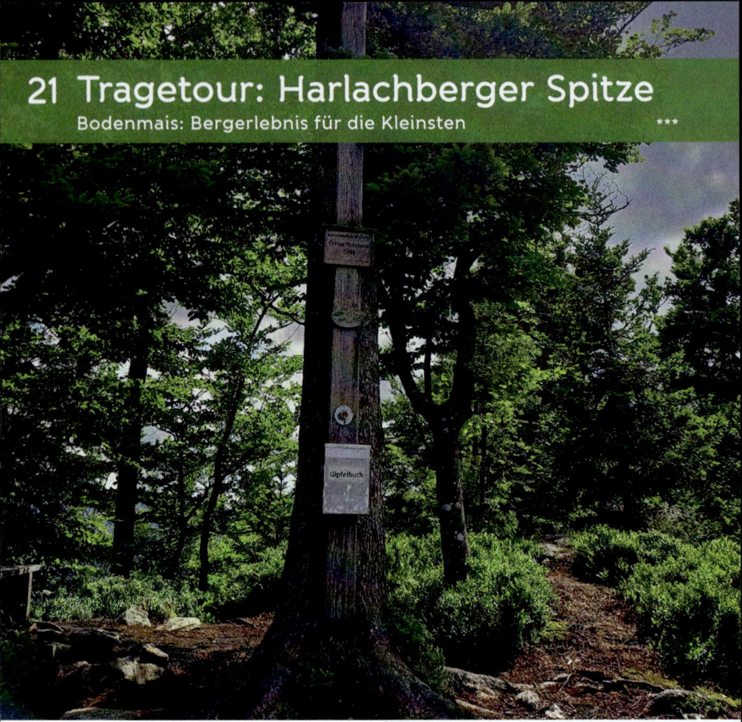

Eine kurze, aber schöne Bergtour auf einen weniger bekannten Gipfel im Arberland. Perfekt für kleine Wanderer, die die ersten Höhenmeter sammeln und selber einen Berg erklimmen möchten. Vom Gipfel bietet sich ein freier Blick auf die Arbergipfel, das Zellertal und sogar bis hin zum Hohen Bogen.

Wetter: Anforderung: Gesamtdauer: ¾ h

Anforderung: Leicht-mittel; 60 Hm; angenehme Steigung.
Dauer: Eine Strecke: 20 min; 750 m.
Wetter: Für jedes Wanderwetter gut geeignet.

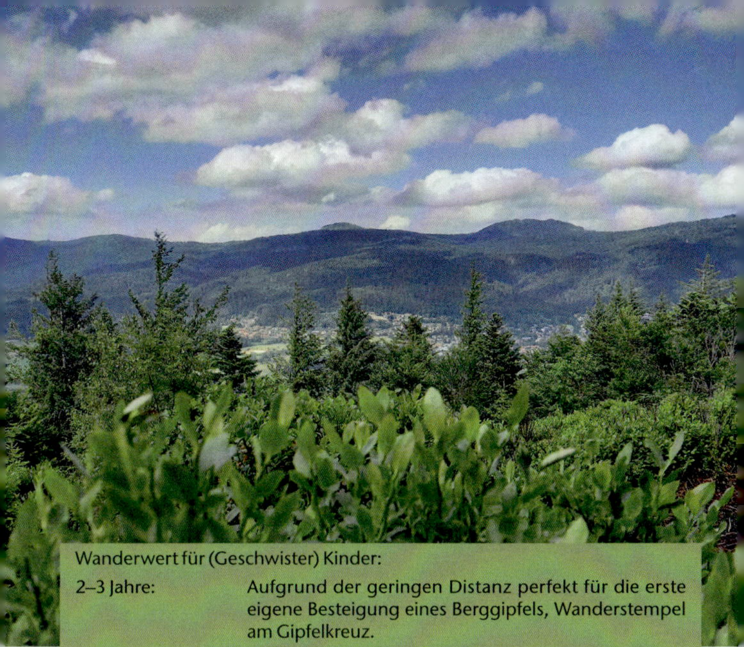

Wanderwert für (Geschwister) Kinder:

2–3 Jahre:	Aufgrund der geringen Distanz perfekt für die erste eigene Besteigung eines Berggipfels, Wanderstempel am Gipfelkreuz.
4–6 Jahre:	Siehe 2–3 Jahre.
Kinderfahrrad:	Nein.

Navi: 94249 Bodenmais, Harlachberg 1.

Anfahrt: Von Regen kommend: auf der St2135 Richtung Langdorf und weiter auf der St2132 Richtung Bodenmais. Bei Hotel Riederin links abbiegen. Dort ist der Harlachberg bereits ausgeschildert. Von Zwiesel kommend auf der St2132 über Außenried und Langdorf nach Bodenmais.

Bus/Bahn: -

Ausgangspunkt/P: Parkplatz Gutsalm Harlachberg.

Infos/Gaststätten: *Gutsalm Harlachberg, wunderschöner Biergarten mit schönem Ausblick, kein Ruhetag, www.harlachberg.de.

Wegbeschreibung: Vom Parkplatz führt ein breiter Schotterweg zur links gelegenen Gutsalm Harlachberg. Überquert man diesen Schot-

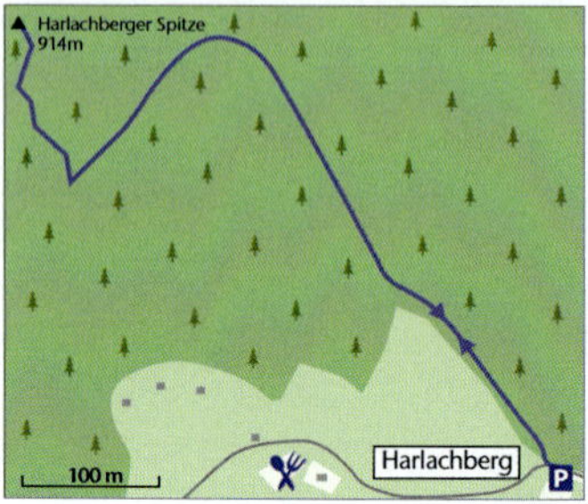

terweg, verläuft rechter Hand am Waldrand ein Wanderweg. Dieser führt ansteigend hinauf zu der Harlachberger Spitze. Nach einer Links- und einer Rechtskurve biegt man rechts auf einen schmalen verwurzelten Waldpfad ein, der direkt zum Gipfelkreuz führt. Gleicher Rück- wie Hinweg.

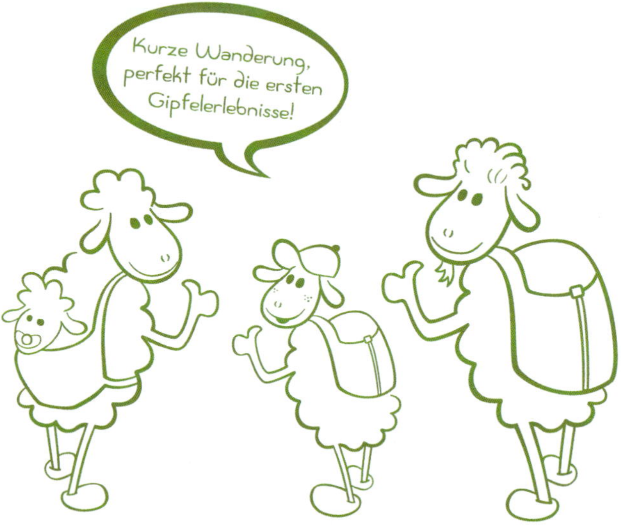

22 Silberberg (955 m)

Bodenmais: moderater Hausberg **

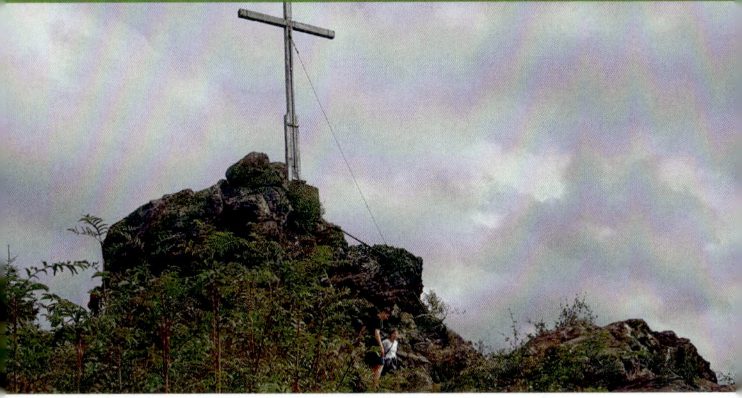

Rund um Bodenmais führen mehrere Wanderwege auf den Silberberg. Der für Kinderwagen geeignete Weg beginnt am Parkplatz Schönebene, der sich schon auf einer Höhe von 900 m befindet. Gleich zu Beginn muss ein sehr steiles Stück für ca. 10 Minuten bewältigt werden. Danach verläuft ein breiter Weg auf einer Höhenlinie durch den Wald. Vom Gipfelplateau hat man eine schöne Aussicht auf Bodenmais, aber auch auf die umliegenden Höhenzüge und die markanten Gipfel des Bayerischen Waldes. Außerdem führt eine Bergbahn auf den Silberberg.

Wetter: Anforderung: Gesamtdauer: 1 h

Anforderung:	Leicht–mittel; 60 Hm; ein steiles Teilstück; breite Schotter- und Waldwege.
Dauer:	Eine Strecke: ca. ½ h; 1,7 km.
Wetter:	Für jedes, auch für heißes Wetter gut geeignet, da überwiegend im Schatten. Im Winter perfekt mit dem Schlitten begehbar.

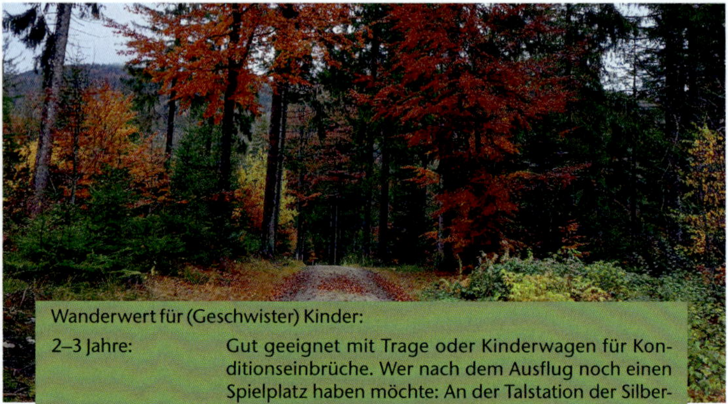

Wanderwert für (Geschwister) Kinder:

2–3 Jahre:	Gut geeignet mit Trage oder Kinderwagen für Konditionseinbrüche. Wer nach dem Ausflug noch einen Spielplatz haben möchte: An der Talstation der Silberbergbahn befindet sich ein netter.
4–6 Jahre:	Sehr gut geeignet für eine erste kleine Wanderung. In diesem Alter ist es für die Kinder auch recht nett, mit der Gondel zur Mittelstation zu fahren (Achtung: anderer Ausgangspunkt). Dort befindet sich ein Bergwerk. Auch gibt es eine Sommerrodelbahn, eine Sommer-Tubingbahn und einen Kinderklettergarten.
Kinderfahrrad:	Nein.

Navi: 94249 Bodenmais, Schönebenstraße, Parkplatz Schönebene.

Anfahrt: Von Zwiesel kommend der St2132 folgend über Langdorf nach Bodenmais. Von Regen kommend der St2135 folgend nach Langdorf und weiter nach Bodenmais. In Bodenmais der Beschilderung in das Arbergebiet folgen. In einer scharfen Kurve befindet sich der Wanderparkplatz Schönebene.

Bus/Bahn: -

Ausgangspunkt/P: Wanderparkplatz Schönebene.

Infos/Gaststätten: *Bergkristall-Stüberl an der Talstation der Silberbergbahn. *Bergmann-Schänke am Historischen Besucherbergwerk. Barbarastraße 1, 94249 Bodenmais. Tel: 0992494140. *Bergbahn Richtpreis Erw. Berg- und Talfahrt € 7,50. Alle Informationen unter: www.silberbergbahn.de.

Wegbeschreibung: Der Wanderparkplatz Schönebene ist Ausgangspunkt für viele Wanderungen rund um Bodenmais, aber die Wegmarkierungen sind sehr übersichtlich. Wir folgen der roten Zehn in den Wald hinein und nach wenigen Metern beginnt eine längere Steigung.

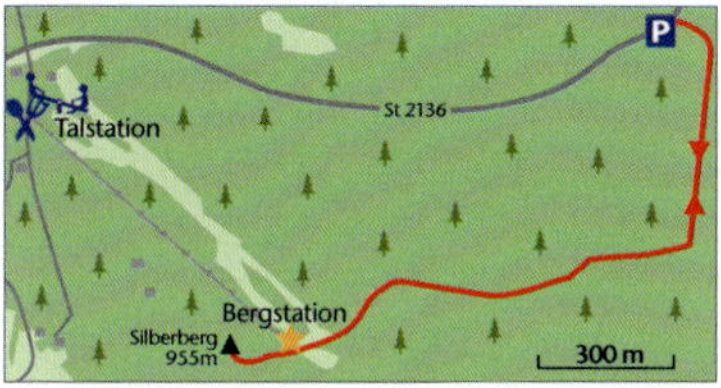

Nach einer leichten Rechtskurve wird der Wanderweg wieder eben und führt durch den Wald. Nach einer kleinen Senke kann man schon die Bergstation der Silberbergbahn und die Felsen des Gipfelplateaus erkennen. Gegebenenfalls den Kinderwagen an der Bergstation stehen lassen, da der Gipfelbereich felsig ist. Die letzen Höhenmeter bis zum Silberberg sind rasch überwunden. Gleicher Rück- wie Hinweg.

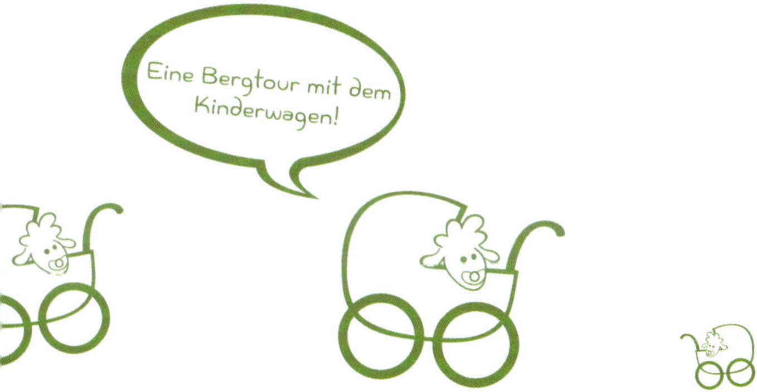

23 Tragetour Hochfall

Bodenmais: zweitgrößter Wasserfall im Bayerischen Wald **

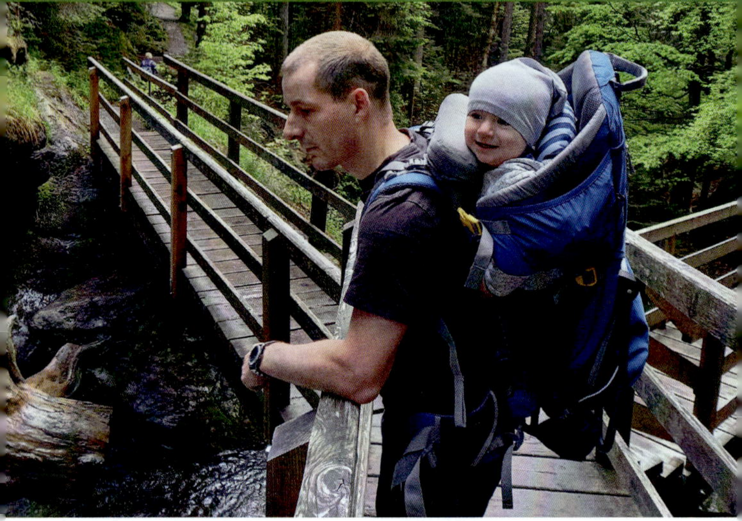

Der Hochfall ist zwar nur der zweitgrößte Wasserfall, die kurze und einfache Wanderung ist aber auch schon für die Kleinsten kein Problem. Unsere Buben bestaunen den Wasserfall gerne von der Holzbrücke aus. Wer zum größten Wasserfall, den Rißlochwasserfällen, wandern möchte, kann dies ab dem gleichen Ausgangspunkt machen.

Wetter: Anforderung: Gesamtdauer: 1 h

Anforderung: Leicht-mittel; 100 Hm; abschnittsweise steil; breite Waldwege, steiniger Pfad.

Dauer: Eine Strecke: ½ h; 2,3 km.

Wetter: Am besten bei schönem Wetter, da es auf dem steinigen Pfad rutschig sein kann.

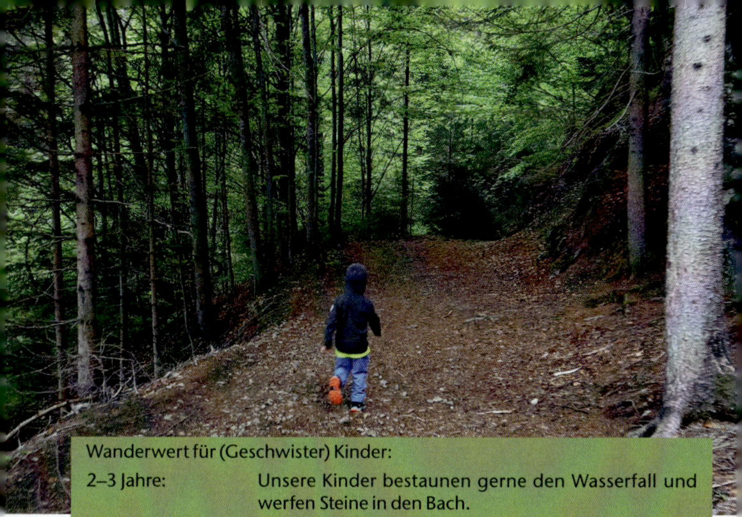

Wanderwert für (Geschwister) Kinder:

2–3 Jahre:	Unsere Kinder bestaunen gerne den Wasserfall und werfen Steine in den Bach.
4–6 Jahre:	Siehe 2–3 Jahre.
Kinderfahrrad:	Nein.

Navi: 94249 Bodenmais, Scharebenstraße.

Anfahrt: Von Regen kommend auf der St2135 Richtung Langdorf und weiter auf der St2132 Richtung Bodenmais. Von Zwiesel kommend auf der St2132 über Außenried und Langdorf nach Bodenmais. In Bodenmais bei den Joska-Glas-Arkaden in die Scharebenstraße. Der Straße bis in den Wald hinein folgen. Dort befindet sich auf der rechten Seite der ausgeschilderte Parkplatz.

Bus/Bahn: -

Ausgangspunkt/P: Parkplatz Hochfallwanderung.

Infos/Gaststätten: *Keine Einkehrmöglichkeit.

Wegbeschreibung: Vom Parkplatz sind mehrere Wanderrouten ausgeschildert. Der Nummer 3 folgend zweigt links ein schmaler Waldpfad ab und mündet in der asphaltierten Scharebenstraße, die überquert werden muss.

Der breite Waldweg schlängelt sich erst bergab, dann eben durch den Wald. Auf halber Strecke befindet sich ein großer Fels mit einer Bank, ein schöner Platz für eine Rast. Nach zwei weiteren Kurven erreicht man

den Moosbach. Von dort wird der Weg schmal und steinig und führt steil bis zum Hochfall hinauf. Vorsicht, die Steine können rutschig sein. Gleicher Rück- wie Hinweg.

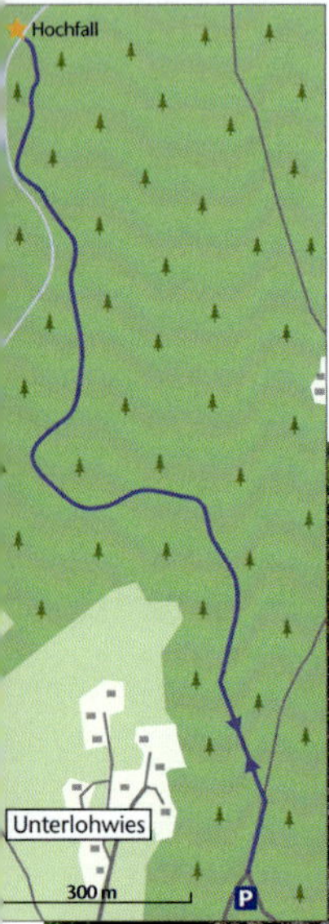

Wegbeschreibung Rißlochwasserfall: Vom gleichen Ausgangspunkt rechts dem Stichweg durch den Wald folgen und ein kurzes Stück bergab zum Rechensöldenweg. Dort links in den Wald hinein. Durch den Bergmischwald wandert man zunächst auf einem Schotterweg, dann auf einem Waldweg direkt zum Rißlochwasserfall. Eine Strecke ist knappe drei Kilometer lang. Für den Hin- und Rückweg zwei Stunden einplanen.

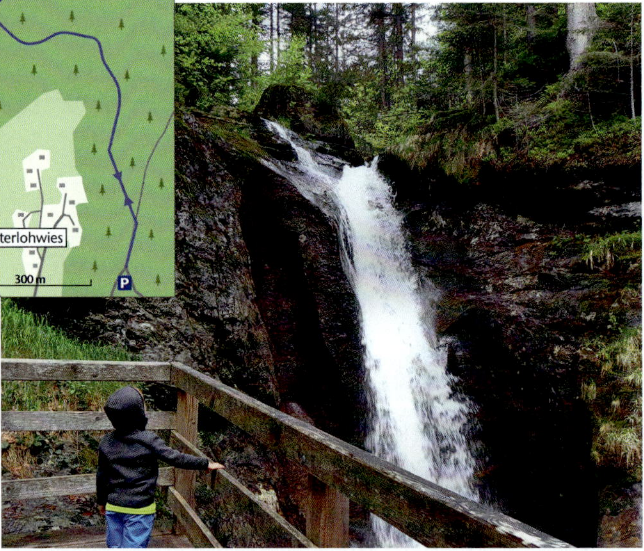

Zusatztipps

Bodenmais

Ameisenstraße

Kurzweiliger Kinderwanderweg mit vielen Stationen zum Mitmachen und Staunen.

Adresse: Ameisenstraße an der St2132, 94249 Bodenmais.
Dauer: RW 2 km; 1 ½ h.

Bodenmais / Bretterschachten

Tragetour Mittagsplatzl

Kurze Wanderung mit wunderbarem Blick hinab zum Großen Arbersee.

Adresse: Arberseestraße, 94249 Bodenmais.
Dauer: Eine Strecke 3 km; 1 h.

Viechtach

Große Pfahl

Abwechslungsreicher Rundweg durch das einzigartige Geotop, mit Wasserläufen im alten Steinbrauch und Felsen.

Adresse: Parkplatz Großer Pfahl an der B85, 94234 Viechtach.
Dauer: 3 km; ¾ h.

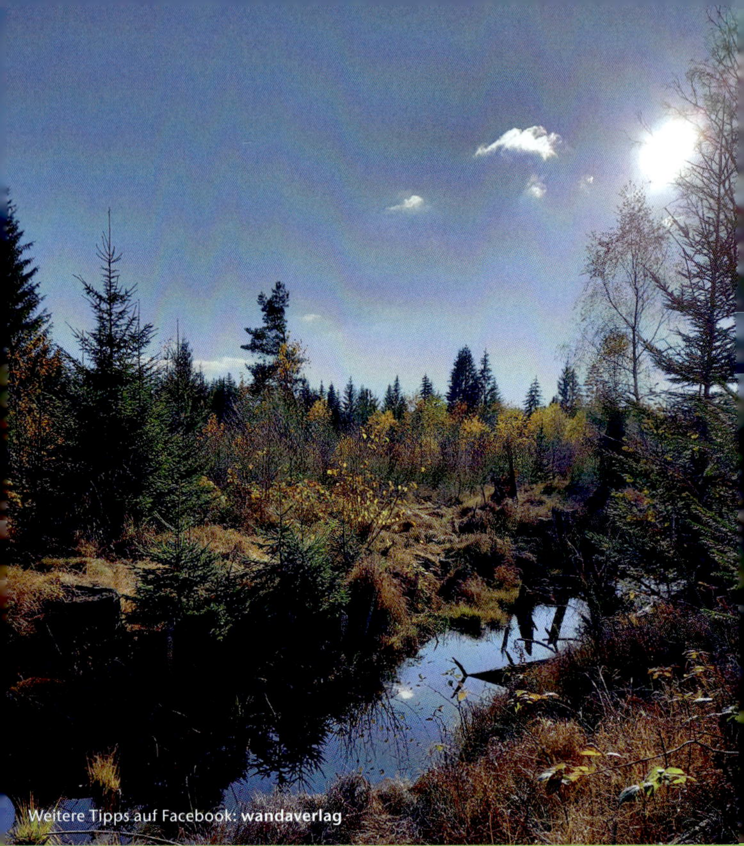

III. Landkreis Freyung-Grafenau

– Ferienregion Nationalpark Bayerischer Wald
– Nationalpark Ferienland Byerischer Wald

24 Tragetour Lusen (1.373 m)

Waldhäuser: gewaltiges Blockmeer ***

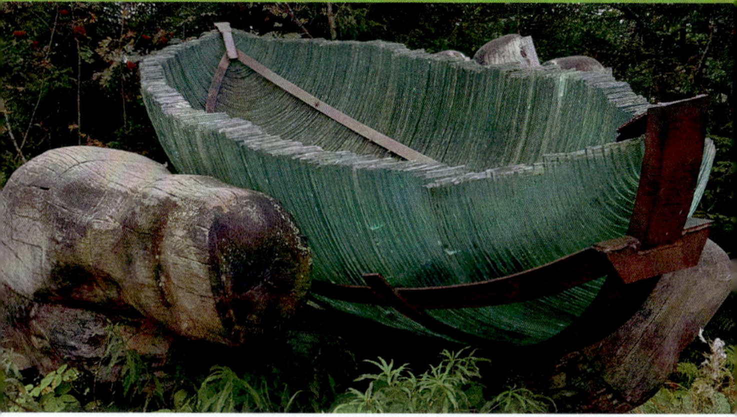

Eines der bekanntesten Wanderziele im Bayerischen Wald ist der Lusen, der mit seinen Granitsteinen bereits aus weiter Ferne eindeutig zu erkennen ist. Es gibt mehrere Wege hinauf, der Sommerweg ist jedoch der einzige, der mit Kindern aufgrund seiner Länge und geringen Ausgesetztheit gut begehbar und auch sehr schön ist. Vom Parkplatz „Schöne Aussicht" führt der Igelbus in ca. fünf Minuten zum Ausgangspunkt „Waldhausreibe", siehe Infos. Ab da geht ein breiter Wanderweg immer leicht ansteigend durch den Bergmischwald zur sogenannten Himmelsleiter. Diese war für uns Kinder immer ein Highlight, denn ab nun geht es steinig über 100 Stufen hinauf. Oben angelangt sind's nur mehr ca. fünf Minuten durch das verwitterte Blockmeer zum Gipfelkreuz. Rund um die Jahrtausendwende war hier aufgrund der Borkenkäferbefälle eine öde Landschaft, mittlerweile bewährt sich das Motto des Nationalparks Bayerischer Wald „Natur Natur sein lassen". Es ist schön zu sehen, wie nun ein bunter Mischwald entsteht.

Wetter: ☀ ☂ ☃ ◐ Anforderung: ● Gesamtdauer: 1,5 h

Anforderung:	Var.1 (Trage): Mittel; 230 Hm; andauernde Steigung; breite Wanderwege und felsige Abschnitte. Var.2 (Kinderwagen): Der Winterweg ist mit geländegängigem Kinderwagen grundsätzlich begehbar, jedoch sehr steil, steinig und mühsam.
Dauer:	Var.1 (Trage), RW: 1,5 h; 4,5 km. Var.2 (Kinderwagen), eine Strecke: ¾ h; 2 km.
Wetter:	Für jedes Wetter gut geeignet. Im Winter ab Parkplatz „Schöne Aussicht" mit dem Schlitten über den Winterweg zum Gipfel.

Wanderwert für (Geschwister) Kinder:

2–3 Jahre:	Viele Hoiwasträucher (Heidelbeere); ab der Glas-Arche bis zur Himmelsleiter gut zum Selberlaufen. Im Blockmeer gut aufpassen, es gibt ab und zu Spalten. Im Winter haben unsere Kinder großen Spaß, mit dem Schlitten den Winterweg hinunter zu sausen.
4–6 Jahre:	Siehe 2–3 Jahre.
Kinderfahrrad:	Nein.

Navi: 94556 Neuschönau, Lusenstraße 41.

Anfahrt: Von Spiegelau kommend und von Neuschönau kommend der Nationalparkstraße bis zur Abzweigung Waldhäuser folgen, dann auf Lusenstraße weiter in das Bergdorf Waldhäuser, am Ortsausgang befindet sich der Wanderparkplatz mit Bushaltestelle.

Bus/Bahn: Igelbusanbindungen nach Waldhäuser und zum Parkplatz „Waldhausreibe".

Ausgangspunkt/P: Parkplatz „Waldhausreibe".

Infos/Gaststätten: *Lusenschutzhaus, unterhalb des Gipfels am Winterweg, schöne Aussichtsterrasse. www.lusenwirt.de, saisonbedingte Ruhetage, in den Sommermonaten täglich geöffnet. *Anfahrt zum Parkplatz Waldhausreibe von 15.05. bis 31.10. in der Zeit bis 8 Uhr und nach 16 Uhr möglich. *Vom Parkplatz „Schöne Aussicht" mit dem Igelbus zur Haltestelle „Waldhausreibe" *Richtpreis Igelbus Tageskarte € 5, mit Gästekarte kostenlos.

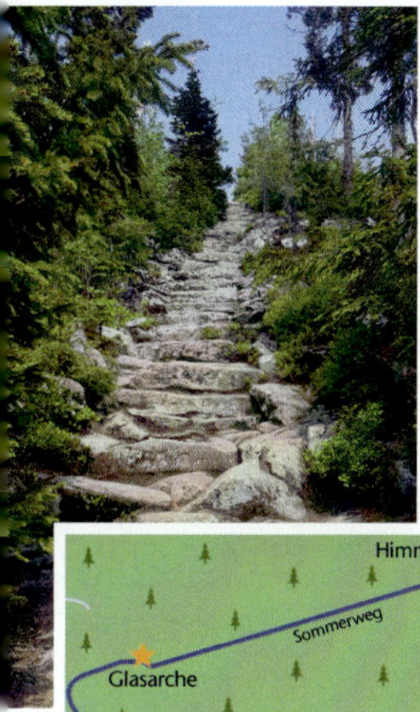

Wegbeschreibung: Beim Parkplatz Waldhausreibe gibt es große Übersichtstafeln und viele Wegweiser. Hier beginnt sowohl der Sommerweg, der linker Hand in den Wald führt, als auch der Winterweg, der auf der rechten Seite in den Wald hinein führt. Var.1 über den Sommerweg (Trage): Der breite Weg schlängelt sich mit angenehmer Steigung bis zur Glasarche, die als Botschafter für den Nationalpark und die Tradition der Glasherstellung ihren Platz in dieser Waldwildnis fand. Von dort aus führt ein schmaler Schotterweg durch den ehemals vom Borkenkäfer vernichteten und mittlerweile nachwachsenden Wald, leicht ansteigend bis zur Himmelsleiter. Nach diesem etwas anstrengenden Abschnitt ist der Gipfel schon in greifbarer Nähe. Die letzten Höhenmeter führen über das Blockmeer zum Gipfelkreuz. Die Sicht über den endlos scheinenden Wald reicht weit in den den Nationalpark Bayerischer Wald auf der einen Seite und in den benachbarten tschechischen Nationalpark Sumava auf der anderen Seite hinein. Der Abstieg kann sowohl über den gleichen Weg als auch über den beschilderten und kürzeren Winterweg erfolgen. Vom Gipfel führt zuerst ein Pfad für ca. 5 Minuten auf den Granitsteinen zum Lusenschutzhaus, ehe der Schotterweg zum Parkplatz Waldhausreibe führt. Var.2 über den Winterweg (Kinderwagen): Dieser breite Schotterweg kann auch von motivierten KinderwagenschieberInnen bis zum Lusenschutzhaus begangen werden. Er ist jedoch sehr steil und holprig. Der steinige Weg vom Lusenschutzhaus bis zum Lusengipfel kann jedoch nicht mit dem Kinderwagen bewältigt werden.

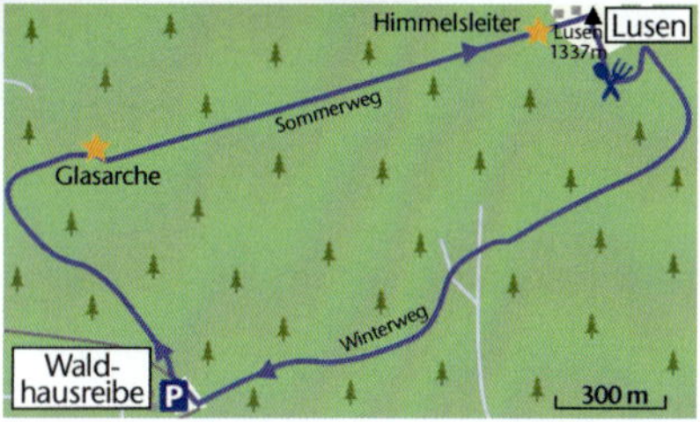

25 Tragetour Ochsenriegel

Sagwassersäge: Pritschelspaß

***

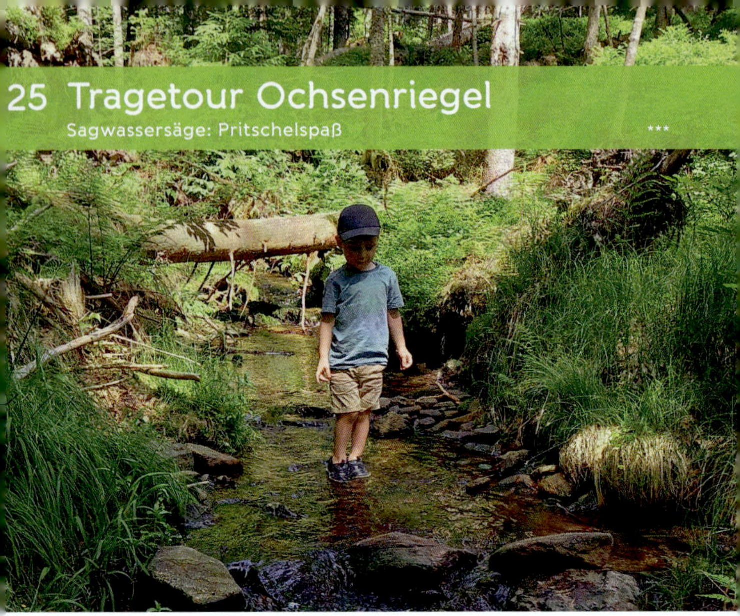

Besonders bei heißem Wetter bietet sich diese kurze Wanderung rund um den Ochsenriegel an. Felsen, schattige Wege, Hoiwasträucher und besonders die vielen Stellen zum Pritscheln sorgen für Spaß und Abwechslung. Eine Schutzhütte, aber auch schöne Flecken am Wasser oder Wegesrand bieten sich zum Verweilen und Picknicken an. Wechselwäsche und Handtuch auf jeden Fall einpacken. Eine super Alternative zum Badesee oder Freibad ist der kühle Bach allemal.

Wetter: Anforderung: Gesamtdauer: ¾ h

Anforderung:	Leicht; 70 Hm; moderate Steigung; verwurzelte und steinige Waldwege.
Dauer:	RW: ¾ h; 2,5 km.
Wetter:	Bei jedem Wanderwetter geeignet. Durchgehend im Wald.

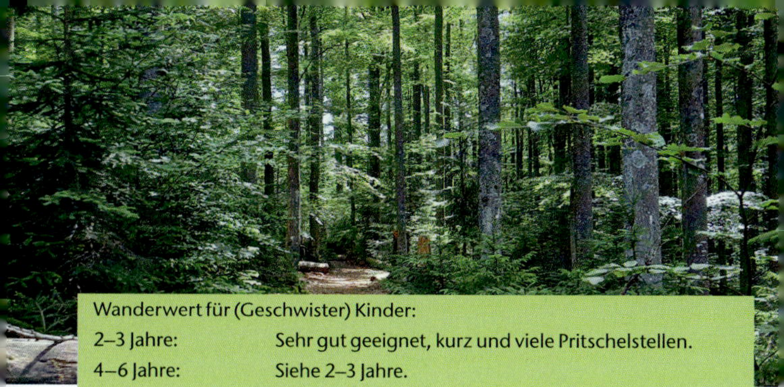

Wanderwert für (Geschwister) Kinder:	
2–3 Jahre:	Sehr gut geeignet, kurz und viele Pritschelstellen.
4–6 Jahre:	Siehe 2–3 Jahre.
Kinderfahrrad:	Nein.

Navi: 94556, Am Sagwasser.

Anfahrt: Von Spiegelau kommend auf Nationalparkstraße in Richtung Mauth. 1 ½ km nach dem Nationalparkzentrum Lusen in Neuschönau links abbiegen. Der Parkplatz befindet sich nach den Häusern auf der linken Seite.

Bus/Bahn: -

Ausgangspunkt/P: Parkplatz Sagwassersäge.

Infos/Gaststätten: *Keine Einkehrmöglichkeiten. Brotzeit und Wasser einpacken. Entweder am Wegesrand beim Pritscheln oder in der Schutzhütte Ochsenriegel schöne Picknickplätze.

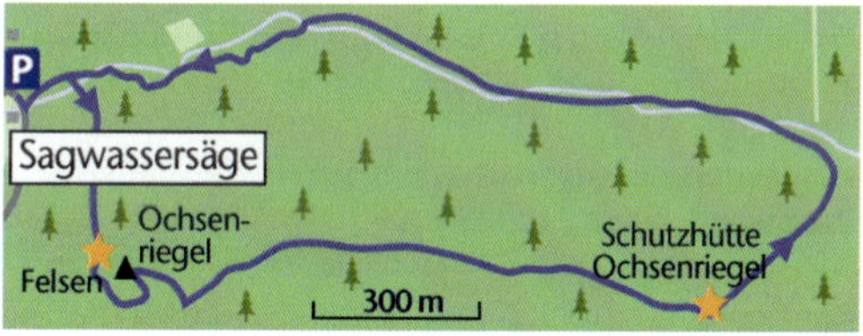

Wegbeschreibung: Der Rundweg "Flusskrebs" ist sehr gut beschildert, so dass der Weg selbsterklärend ist. Vom Parkplatz führt zunächst eine Treppe zu einem Schotterweg, der überquert werden muss. Nach hundert Metern gabelt sich der Weg, aufgrund des Rundweges bleibt es aber egal, wie man die Runde geht. Rechts geht es zunächst über die Felsen zur Schutzhütte. Wenn man dem linken Weg folgt, kommt man zuerst an den vielen Wasserstellen vorbei. Wir heben uns die Abkühlung immer für das Ende der Wanderung auf (siehe Pfeilrichtung).

26 Tragetour Steinbachklause

Mauth: am Bach entlang

***

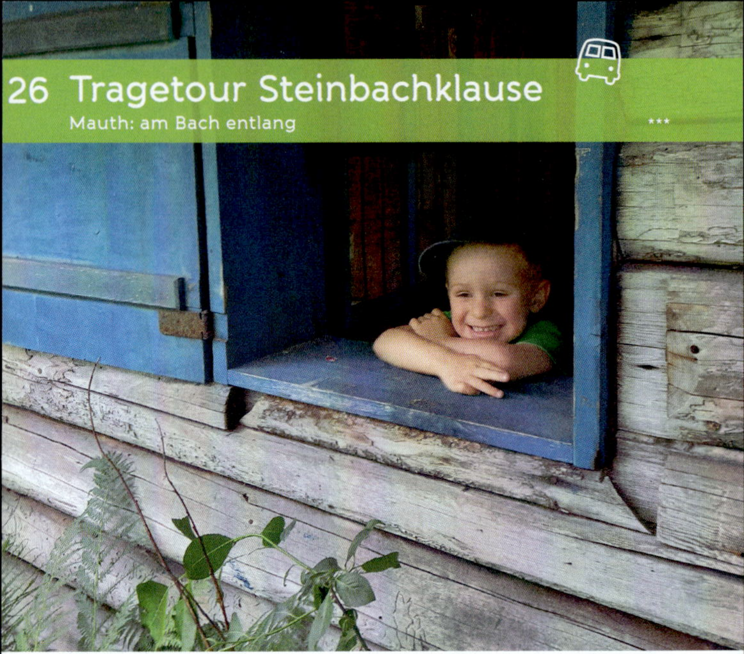

Abwechslungsreicher Weg zur Steinbachklause mit herrlichen Ausblicken auf die umliegenden Höhenzüge sowie schönen Einblicken in die artenreiche Pflanzenwelt. Über schmale Waldwege und Holzbohlenwege führt der Weg entlang des Baches zur Schutzhütte.

Wetter: | Anforderung: | Gesamtdauer: 2 h

Anforderung: Leicht; 110 Hm; keine steilen Rampen; Holzbohlenwege, verwurzelter und steiniger Waldweg.

Dauer: Eine Strecke: 1 h; 3,4 km.

Wetter: Bei trockenem Wanderwetter. Aufgrund der Nähe zum Bach kann der Weg stellenweise sehr rutschig sein.

Wanderwert für (Geschwister) Kinder:	
2–3 Jahre:	Unsere Kinder finden es immer lustig über die Holzbohlenwege zu gehen. Bach und viele Steine. Trage nicht vergessen.
4–6 Jahre:	Für gehfreudige Kinder gut zu schaffen.
Kinderfahrrad:	Nein.

Navi: 94151 Mauth, Jägerstraßl.

Anfahrt: Von Spiegelau kommend nach Mauth. Kurz vor dem Ortseingang links abbiegen. Dort befindet sich der Parkplatz. Von Freyung kommend über Kreuzberg auf der St2127 nach Mauth. In Mauth Richtung Neuschönau. Am Ortsausgang nach dem Parkplatz auf der rechten Seite rechts zum Parkplatz abbiegen.

Bus/Bahn: Hst. Mauth P+R. 200 Meter vom Ausgangspunkt entfernt.

Ausgangspunkt/P: Parkplatz Jägerstraßl.

Infos/Gaststätten: *Keine Einkehrmöglichkeit. Genügend Wasser und Proviant einpacken, so kann man an der Steinbachklause eine kleine Brotzeit einplanen und gestärkt den Rückweg antreten.

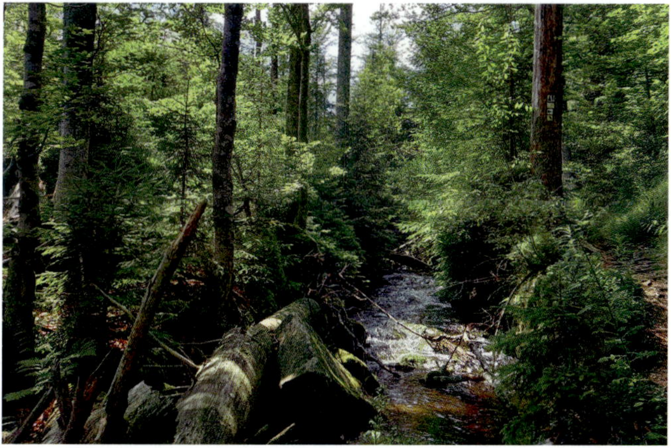

Wegbeschreibung: Der Markierung "Eisvogel" folgend geht es zunächst auf einem breiten Schotterweg, ehe ein Weg rechts in den Wald hinein führt. Zunächst verläuft der Weg nahe dem Reschbach relativ eben auf einem breiten Waldweg. Beim Steinbach angelangt, macht der Weg eine Linksbiegung und führt dann ansteigend, aber nicht steil, die ganze Zeit am Bach entlang zur Steinbachklause. Gleicher Rück- wie Hinweg.

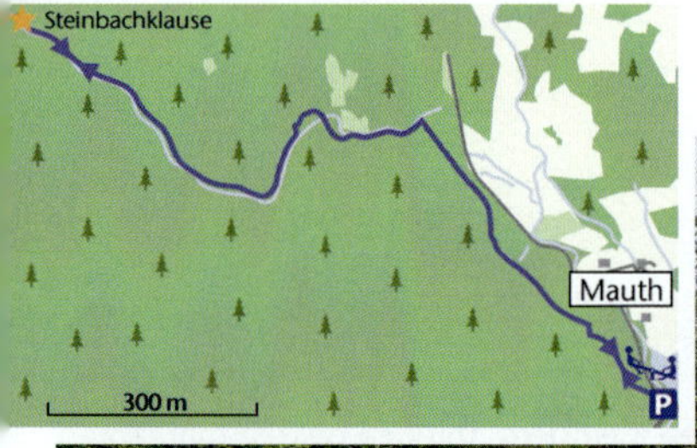

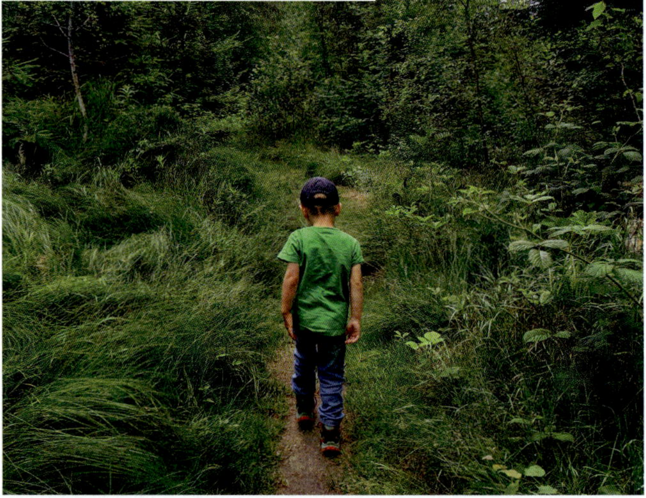

27 Tragetour Felswandergebiet

Hohenau: Felsen über Felsen

**

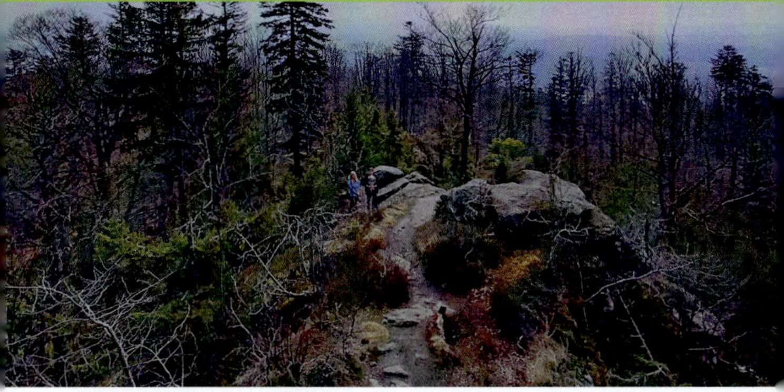

Das Gebiet um den Bergrücken Steinberg, mit den beiden markanten Gipfeln Kleine Kanzel (1.022 m) und Große Kanzel (1.002 m), wird als "Felswandergebiet" bezeichnet und bietet viele Wandermöglichkeiten. Der alte Baumbestand im Bergmischwald und die vielen Felsen machen Wanderungen abwechslungsreich. Schöne Plätze laden zum Picknicken ein, also Brotzeit nicht vergessen. Die Wanderung ist aufgrund der kurzen Distanz auch für kleine Wanderer gut machbar, aber am besten Kraxe mitnehmen.

Wetter: Anforderung: Gesamtdauer: 1–1,5 h

Anforderung:	Var.1 (eine Strecke): Mittel; 150 Hm; stetig ansteigend; überwiegend Waldwege. Var.2 (RW): Mittel; 200 Hm; stetig ansteigend; Waldwege, felsige Abschnitte.
Dauer:	Var.1 (eine Strecke): ¾ h; 1,9 km. Var.2 (RW): 1 h; 3,8 km.
Wetter:	Bei trockenem Wanderwetter. Bei Regen sind die Felsen recht rutschig.

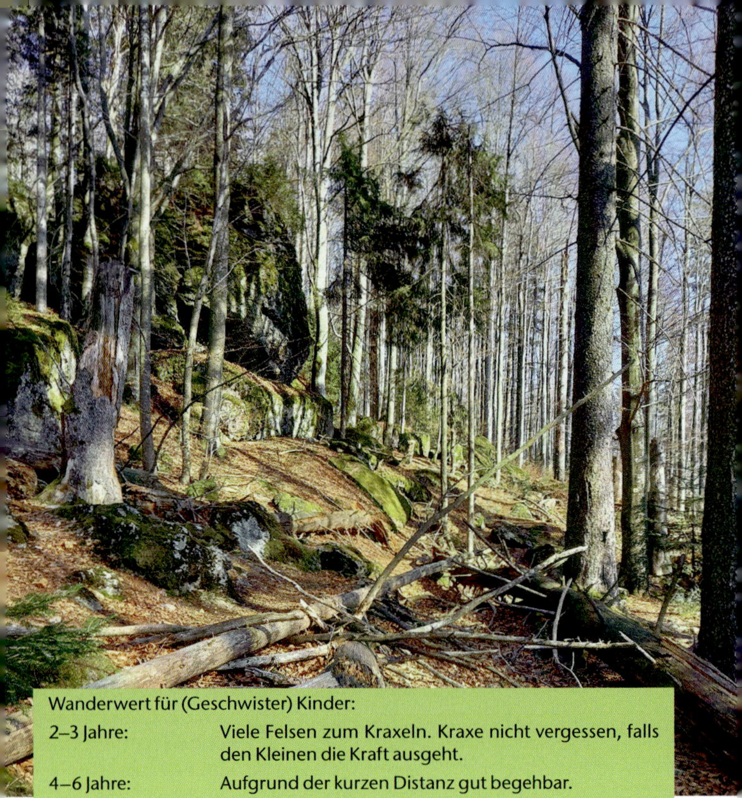

Wanderwert für (Geschwister) Kinder:	
2–3 Jahre:	Viele Felsen zum Kraxeln. Kraxe nicht vergessen, falls den Kleinen die Kraft ausgeht.
4–6 Jahre:	Aufgrund der kurzen Distanz gut begehbar.
Kinderfahrrad:	Nein.

Navi: 94545 Hohenau, Glashütte 48.

Anfahrt: Von Spiegelau oder Mauth auf Nationalparkstraße kommend: Zwischen den Ortschaften Glashütte und Weidhütte befindet sich gegenüber dem Jugendwaldheim Wessely-Haus der Wanderparkplatz Felswandergebiet.

Bus/Bahn: Hst. Waldjugendheim.

Ausgangspunkt/P: Wanderparkplatz Felswandergebiet.

Infos/Gaststätten: *Keine Einkehrmöglichkeit, Proviant und Wasser nicht vergessen.

Wegbeschreibung: Var.1 (Einfache Strecke): Der Beschilderung "Vogelbeere" folgend führt der Wanderweg vom Wanderparkplatz für eine halbe Stunde ansteigend durch einen Bergmischwald, der vielerorts von Felsen gesäumt ist. An einem flachen Stück zweigt ein Weg zunächst links ins Felswandergebiet und ein kurzes Stück dahinter rechts zur Großen Kanzel ab. Nach wenigen Minuten wird der Gipfel der Großen Kanzel erreicht. Gleicher Rück- wie Hinweg.

Var.2 (RW): Vom Parkplatz führt die Beschilderung "Haselhuhn" durch das Felswandergebiet. Für eine halbe Stunde ansteigend durch den Wald, bis an einem flachen Stück ein Weg links abzweigt und zur Kleinen Kanzel führt. Von dort führt der Weg erst serpentinenartig durch felsiges Gelände, ehe er sich durch den Wald zu einem Schotterweg schlängelt. Dort links abbiegen und nach wenigen Minuten erreicht man den Ausgangspunkt. Der Rundweg durch das Felswandergebiet und die Große Kanzel können natürlich miteinander kombiniert werden.

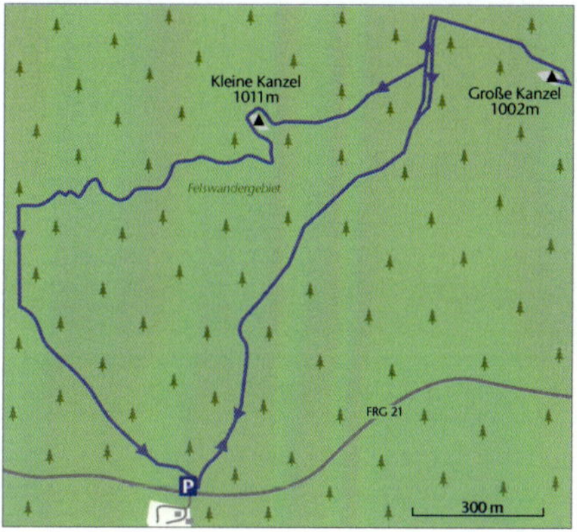

28 Dreisessel

Neureichenau: Grenzwandern umgeben von Felsen ***

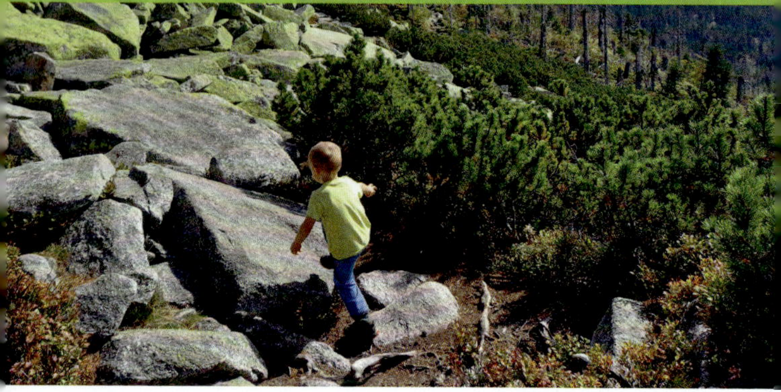

Der Dreisesselberg ist ein sehr beliebtes Ausflugsziel und gerade die kurze Strecke auf das Gipfelplateau oft überlaufen. Die bizzaren Granitfelsen und der Ausblick zählen zu den schönsten Plätzen im Unteren Bayerischen Wald. Sehr zu empfehlen ist die Tragetour über das Steinerne Meer zum Dreiländereck und über den Grenzkamm und den Gipfel Bayerischer Plöckenstein zum Dreisessel. Eine unserer Lieblingswanderungen.

Wetter: Anforderung: Gesamtdauer: 1–2 h

Anforderung: Var.1 (Kinderwagen): Leicht; 100 Hm; kurzes steiles Stück; asphaltierte Straße und Schotterweg. Var.2 (Trage): Mittelschwer; 200 Hm; Kammwanderung mit moderaten Steigungen; Schotter- und Waldwege, abschnittsweise über Felsen.

Dauer: Var.1 (Kinderwagen): Eine Strecke: ½ h; 1,5 km. Var.2 (Trage): RW: 2 h, 7,5 km.

Wetter: Bei schönem Bergwetter, jedoch nicht zur Mittagszeit, da fast kein Schatten.

Wanderwert für (Geschwister) Kinder:	
2–3 Jahre:	Viele Felsen. Aufgrund der wenigen Höhenmeter auch für gehfreudige Kinder geeignet, aber Kraxe unbedingt mitnehmen, falls die Kraft ausgeht.
4–6 Jahre:	Aufgrund der Distanz eine eher anspruchsvolle Wanderung für gehfreudige Kinder. Genügend Proviant mitnehmen und Pausen einplanen.
Kinderfahrrad:	Nein.

Navi: 94089 Neureichenau/Pleckensteiner Wald, FRG 13.

Anfahrt: Von Grafenau kommend über Freyung, Grainet und Vorderfreundorf nach Altreichenau. Von Passau kommend über die B12 und St2131 nach Waldkirchen und über Jandelsbrunn nach Altreichenau. In Altreichenau St2130 nach Frauenberg. Beschilderung auf den Dreisessel und zum ausgeschilderten Wanderparkplatz folgen.

Bus/Bahn: Hst. Dreisessel Parkplatz.

Ausgangspunkt/P: Wanderparkplatz Dreisessel.

Infos/Gaststätten: *Berggasthof Dreisessel, beliebtes Ausflugsziel mit schöner Aussichtsterrasse. Tel. 08556 350, www.dreisessel.com, täglich geöffnet 9–17 h. * Richtpreis Parkgebühr € 1/Stunde oder € 5/Tag.

Wegbeschreibung: Var.1 (Kinderwagen): Vom Parklatz führt eine asphaltierte Straße in 20 Minuten direkt zum Berggasthof Dreisessel. Links davon befinden sich die Dreisessel-Säulen, drei bizarre Granitfelsen. Über Stufen kann man diese erklimmen und eine traumhafte Aussicht genießen. Vom Berggasthof führt rechts der Schotterweg weiter zum 15 Minuten entfernten Hochstein, der die höchste Stelle des Dreisesselberges darstellt. Der Weg zu den Felsen kann mit einem Kinderwagen zurückgelegt werden. Für die Zustiege auf die Felsen Kinderwagen abstellen und beachten, dass Trittsicherheit gefordert ist.
Var.2 (Trage): Der Rundweg ist gut ausgeschildert. Grüne Schilder mit den Zielnamen weisen den Weg. Vom Parklatz zunächst auf der asphaltierten Straße und dann rechts in den Wald hinein. Auf einem schmalen, verwurzelten und steinigen Waldweg geht es bis zum Steinernen Meer. Über viele Felsen, bei denen Trittsicherheit wichtig ist, geht es bis zu

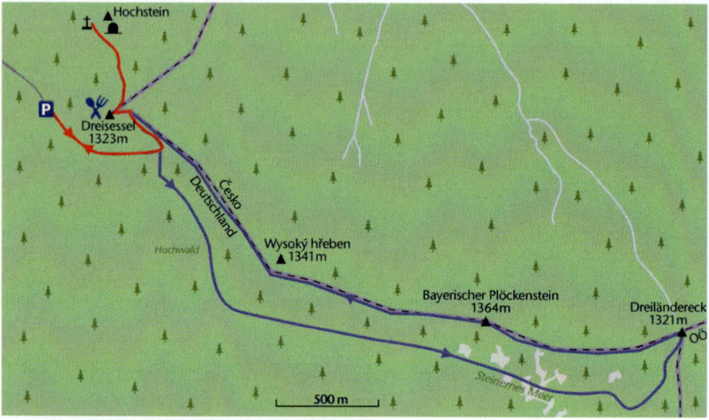

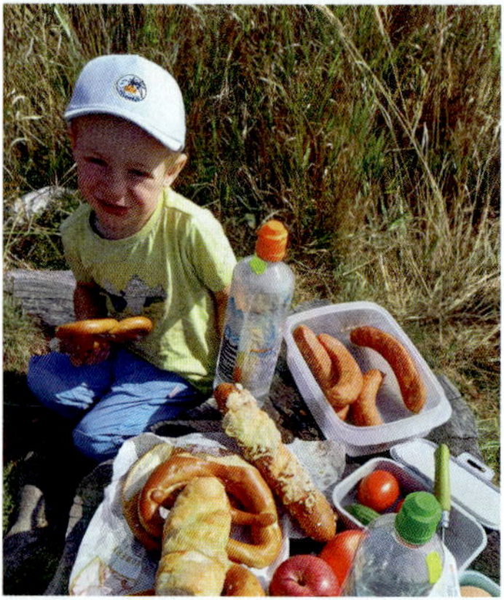

einer Wegkreuzung, dort links abbiegen.

Nach 15 Minuten erreicht man das Dreiländereck (Deutschland/Österreich/Tschechische Republik). Über den Hochkamm geht es über den Bayrischen Plöckenstein zurück zur asphaltierten Straße. Von dort den Berg hinauf noch wenige Minuten bis zum Berggasthof oder bergab bis zum Parkplatz.

29 Nationalparkzentrum Lusen

Neuschönau: wilder Wald und wilde Tiere

***

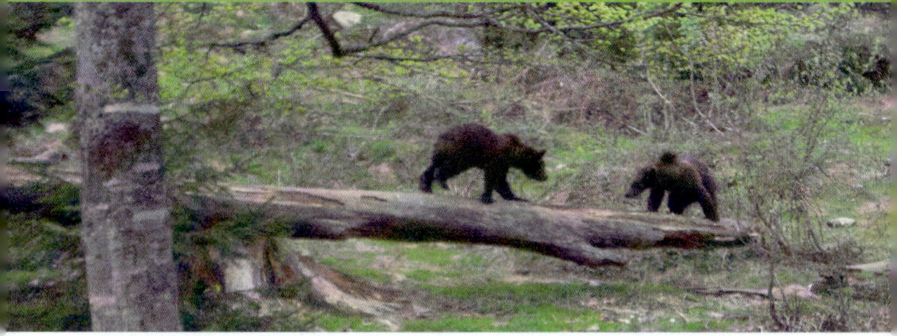

Zwischen Altschönau und Neuschönau erstreckt sich auf einer Fläche von 250 Hektar das Tierfreigelände des Nationalparks Bayerischer Wald. Entlang breiter Schotterwege reihen sich die Gehege und geben spannende Einblicke in die heimische Tierwelt. Unsere Kinder freuen sich immer sehr, Bären, Luchse und die anderen Tiere aus nächster Nähe zu sehen und zu beobachten. Da müssen wir immer viel Zeit einplanen.

Wetter: Anforderung: Gesamtdauer: 3 h

Anforderung:	Leicht; fast eben, Abschnitte mit mittleren Steigungen; breite feine Schotterwege.
Dauer:	RW: 3 h; 7 km.
Wetter:	Bei jedem Wetter geeignet; ganzjährig zugänglich; im Winter geräumt. Wir sind bei Wind und Wetter gerne im Tierfreigelände unterwegs.

Wanderwert für (Geschwister) Kinder:

2–3 Jahre:	Tiere; Spielplatz am Hans-Eisenmann-Haus; Waldwerkstatt im Hans-Eisenmann-Haus; Baumwipfelpfad.
4–6 Jahre:	Interaktive Ausstellung im Hans-Eisenmann-Haus; Pflanzen-Freigelände; Baumwipfelpfad.
Kinderfahrrad:	Ja, bestens.

Navi: 94556 Neuschönau, Böhmstraße 35.

Anfahrt: Von Mauth oder Spiegelau kommend auf der Nationalparkstraße bis zum Nationalparkzentrum Lusen bei Neuschönau; von Grafenau kommend über Rosenau und Altschönau nach Neuschönau.

Bus/Bahn: Hst. Nationalparkzentrum Lusen mit dem Igelbus.

Ausgangspunkt/P: Parkplatz Nationalparkzentrum Lusen.

Infos/Gaststätten: *Am Nationalparkzentrum Lusen (freier Eintritt) befinden sich neben dem Tierfreigelände das Hans-Eisenmann-Haus, ein Pflanzen-Freigelände, Gesteins-Freigelände und der Baumwipfelpfad. *Café Eisenmann. *Waldwirtschaft, www.nationalpark-bayerischer-wald.bayern.de. *Baumwipfelpfad Richtpreis Erw. € 11, Kinder ab 6 Jahren € 9, www.baumwipfelpfade.de.

Wegbeschreibung: Im gesamten Gelände stehen regelmäßig Übersichtstafeln, so dass man immer weiß, wo man sich gerade befindet und welchen Weg man einschlagen kann. So kann nach Lust und Laune das Tierfreigelände erkundet werden. Eine Wegbeschreibung ist aufgrund der offensichtlichen Rundwege nicht nötig.

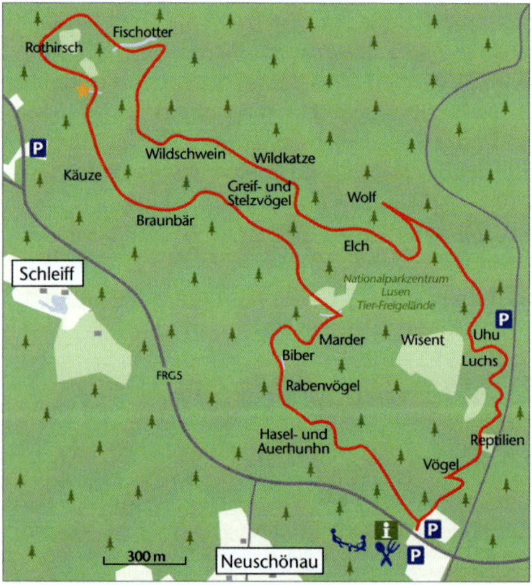

30 Tragetour Kleine Au

Altschönau: Wald, Wiesen und Moor **

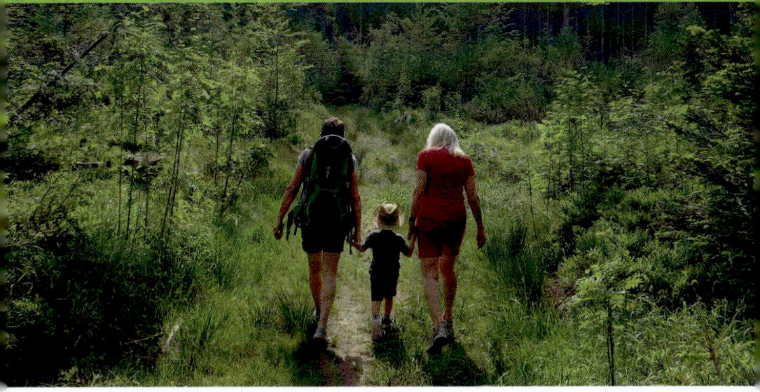

Die Wanderung rund um Altschönau und in den Moor-Komplex Kleine Au ist wenig frequentiert. Breite Schotterwege, schmale Waldpfade und Holzbohlen führen durch Wälder, an Wiesen entlang und durch das Moor. Der Rundweg ist sehr gut beschildert, man folgt einfach den Markierungen „Rehbock" und „Laubbaum". Gegen Ende der Runde befindet sich ein Spielplatz, der die Wanderung entspannt ausklingen lässt.

Wetter: Anforderung: Gesamtdauer: ¾ h

Anforderung:	Leicht–mittel; 70 Hm; kurze mittlere Steigungen; überwiegend Waldwege.
Dauer:	RW: ¾ h; 3,5 km.
Wetter:	Für jedes Wanderwetter gut geeignet.

Wanderwert für (Geschwister) Kinder:

2–3 Jahre:	Bächlein zum Pritscheln. Spielplatz direkt am Weg.
4–6 Jahre:	Aufgrund der kurzen Distanz gut zu gehen.
Kinderfahrrad:	Nein.

Navi: 94556 Neuschönau, OT Altschönau, Altschönauer Straße.

Anfahrt: Von St. Oswald kommend der Altschönauer Straße Richtung Altschönau folgen, kurz vor dem Ortseingang befindet sich auf der rechten Seite der Rastplatz „Kleine Au“. Von der Nationalparkstraße kommend befindet sich beim Parkplatz Tierfreigelände die Abzweigung in die Ortschaft Altschönau, kurz nach dem Ortsausgang befindet sich auf der linken Seite der Rastplatz „Kleine Au“.

Bus/Bahn: -

Ausgangspunkt/P: Rastplatz „Kleine Au“.

Infos/Gaststätten: *Keine Gaststätten, am besten Brotzeit und Trinken einpacken. Am Spielplatz oder am Waldrand kann man gut picknicken. *Der Rastplatz "Kleine Au" bietet nur wenige Plätze für PKWs, wir fanden aber immer einen Parkplatz.

Wegbeschreibung: Gegenüber dem Rastplatz führt der Weg in den Wald hinein und mündet nach fünf Minuten rechts auf einem breiten Schotterweg, von dem wiederum nach wenigen Minuten eine weitere Abzweigung rechts wieder in den Wald hineinführt und direkt in den Moor-Komplex Kleine Au führt. Ehe es hinauf durch den Wald geht, führen Holzbohlen durch die außergewöhnliche Pflanzen- und Tierwelt. Am Waldrand angekommen geht es entlang von Wiesen in den Ortskern von Altschönau. Gegenüber der Dorfkapelle führt der Weg zum Spielplatz und von dort die letzten 15 Minuten zurück zum Ausgangspunkt.

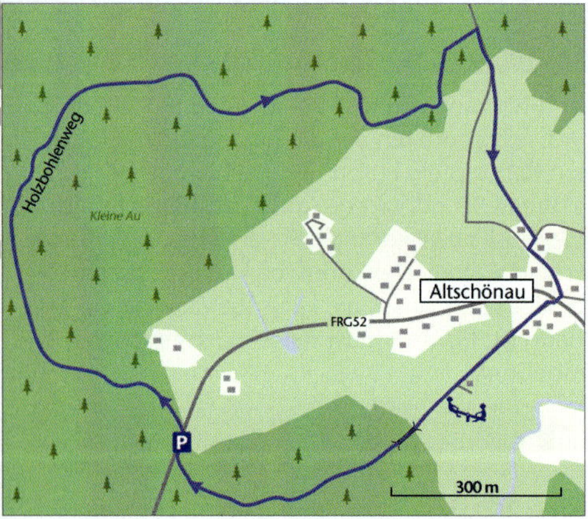

31 Rundweg Auwies

St. Oswald: aussichtsreich

*

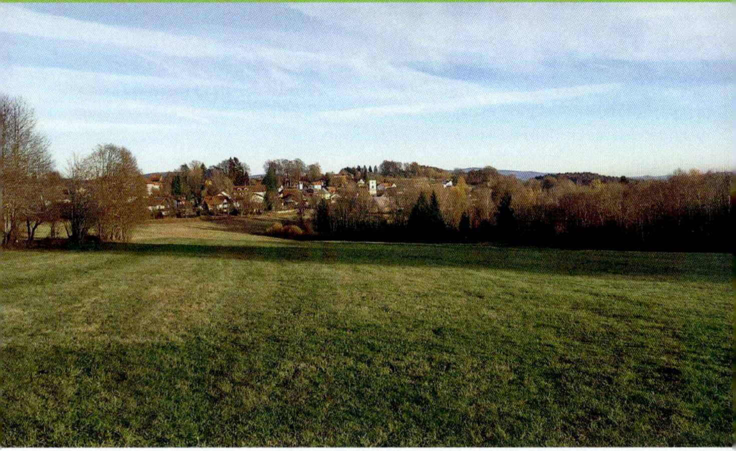

Diese Kinderwagentour führt rund um den ehemaligen Klosterort St. Oswald, mit schönen Aussichtspunkten auf die umliegenden Höhenzüge mit den markanten Berggipfeln Lusen und Rachel und bei Föhn sogar bis zu den Alpen. Breite Schotterwege und asphaltierte Straßen schlängeln sich, überwiegend am Waldrand oder am Ortsrand, durch die umliegenden Felder und Wälder. Der Rundweg kann auch an mehreren Stellen abgekürzt werden, so dass die kürzeste Variante 3,5 km und die längst 6,8 km lang ist. Insgesamt ist das ein gemütlicher Spaziergang in schöner Umgebung.

Wetter: Anforderung: Gesamtdauer: 1 ½ h

Anforderung:	Leicht; 160 Hm, überwiegend eben, kurze mittlere Steigungen; feine Schotterwege.
Dauer:	RW: 1 ½ h; 6,8 km.
Wetter:	Für jedes Wetter geeignet, außer bei Sturm und Eis.

Wanderwert für (Geschwister) Kinder:	
2–3 Jahre:	Die Runde ist für Kinder in diesem Alter weniger geeignet, sehr jedoch der Badeweiher beim Dorfplatz. Dieser wurde neu angelegt mit Bewegungsparcours und Pritschelstellen für Kinder. Daneben befindet sich ein Hirschgehege.
4–6 Jahre:	S. 2–3 Jahre.
Kinderfahrrad:	Geeignet, es gibt jedoch 2–3 Stellen mit stärkeren Steigungen. Bodenbeschaffenheit s.u. Anforderungen.

Navi: 94568 St.Oswald, Goldener Steig.

Anfahrt: Von Grafenau kommend Ortsumfahrung St 2132 ins Gewerbegebiet Aufeld und dann der Beschilderung nach St. Oswald folgen. Von Grafenau kommend über Rosenau nach St. Oswald. Von Spiegelau kommend über Reichenberg und Höhenbrunn nach St. Oswald.

Bus/Bahn: Hst. St. Oswald Goldener Steig.

Ausgangspunkt/P: Ausgeschilderter und kostenloser Parkplatz in der Ortsmitte.

Infos/Gaststätten: *Keine; am besten man nimmt sich eine Brotzeit mit. Einige Bänke mit schönem Fernblick. *Badesee mit Spielplatz unterhalb der Klosterkirche und des angrenzenden Hirschgeheges. *Waldgeschichtliches Museum unweit des Ausgangspunktes, Tel. 08552 9748890, täglich 9–17 h, Ruhetag: Mo, Eintritt kostenlos.

Wegbeschreibung: Vom Parkplatz in der Ortsmitte von St. Oswald geht es hinauf zum Rathaus und von dort aus der abknickenden Vorfahrtsstraße folgend durch die Ortschaft. Am Ortsausgang, auf Höhe des Friedhofes, verläuft ein Fahrrad-/Fußgängerweg in Richtung Höhenbrunn. Kurz nach einem längeren Anstieg zweigt eine asphaltierte Straße links in Richtung Wald ab. Nach ca. einem Kilometer, bei einer T-Kreuzung, geht die Straße in einen Schotterweg über, von wo es nach Höhenbrunn, einem Ortsteil von St. Oswald geradeaus weitergeht. Nach einem sehr kurzen steilen Anstieg geht es am Waldrand nach links weiter. Der Weg führt nach einem kleineren Hügel oberhalb mehrerer Wiesen am Waldrand entlang. An der nächsten linken Weggabelung geht es zurück nach Höhenbrunn zu dem steilen Teilstück,

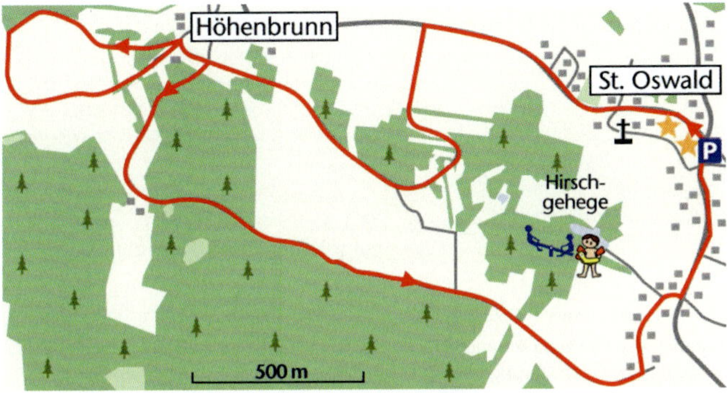

an dessen Ende es rechts hinunter zur der sogenannten Auwies geht. Nach einer leichten Linkskurve verläuft der Weg zunächst am Waldrand, dann durch eine Wohnsiedlung zur Hauptstraße, die zurück zum Ausgangspunkt führt.

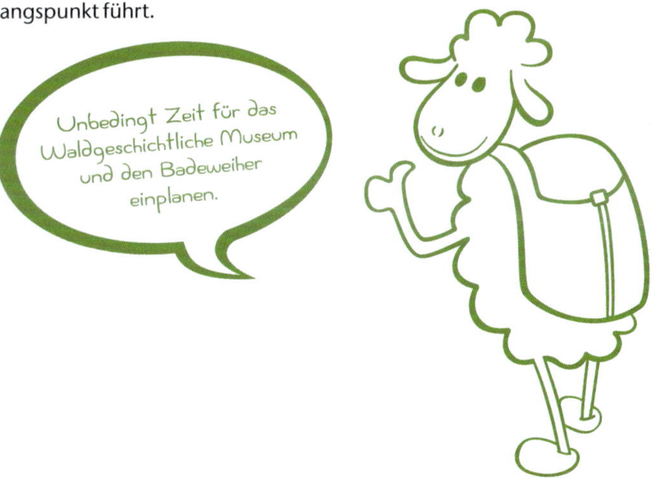

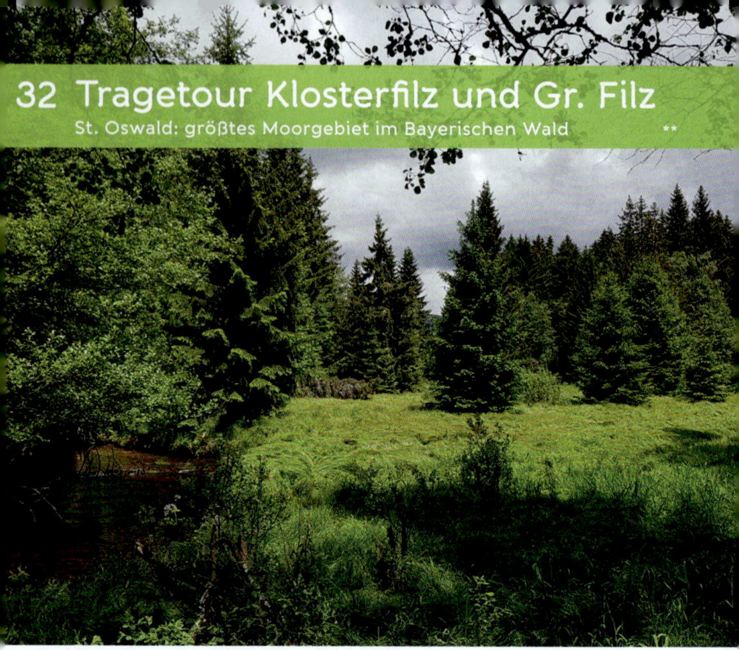

32 Tragetour Klosterfilz und Gr. Filz

St. Oswald: größtes Moorgebiet im Bayerischen Wald **

Der Rundweg "Kreuzotter" führt insgesamt auf 10 km durch die Wälder und Filze rund um St. Oswald-Riedlhütte, mit Kindern bieten sich aber eine Teilbegehung oder Abkürzungen mit dem Igelbus an. Unser Lieblingsteilstück startet in Siebenellen und führt durch den Wald in das Klosterfilz und schließlich in das Große Filz mit der Großen Ohe. Breite Wanderwege, Holzbohlenwege und viele Stellen zum Pritscheln machen diese Wanderung sehr kurzweilig.

Wetter: Anforderung: Gesamtdauer: 1 ½ h

Anforderung: Leicht–mittel; 90 Hm; kurzer Anstieg; breite Schotterwege, Waldwege und Holzbohlenweg.

Dauer: Eine Strecke: ¾ h; 3 km.

Wetter: Für jedes Wanderwetter geeignet.

Wanderwert für (Geschwister) Kinder:	
2–3 Jahre:	Holzbohlenweg; viele Hoiwasträucher; Große Ohe zum Pritscheln.
4–6 Jahre:	Goldwaschplatz nahe dem Hauptweg.
Kinderfahrrad:	Nein.

Navi: 94568 St. Oswald, OT Siebenellen, Lusenstraße.

Anfahrt: Von St.Oswald kommend Richtung Nationalparkstraße/Waldhäuser auf Lusenstraße in den Ortsteil Siebenellen.

Bus/Bahn: -

Ausgangspunkt/P: Parkplatz in Siebenellen am Transformatorhaus.

Infos/Gaststätten: *Keine Einkehrmöglichkeit. Im Großen Filz ist ein schöner Platz zum Picknicken, bevor der Rückweg zum Ausgangspunkt in Angriff genommen wird.

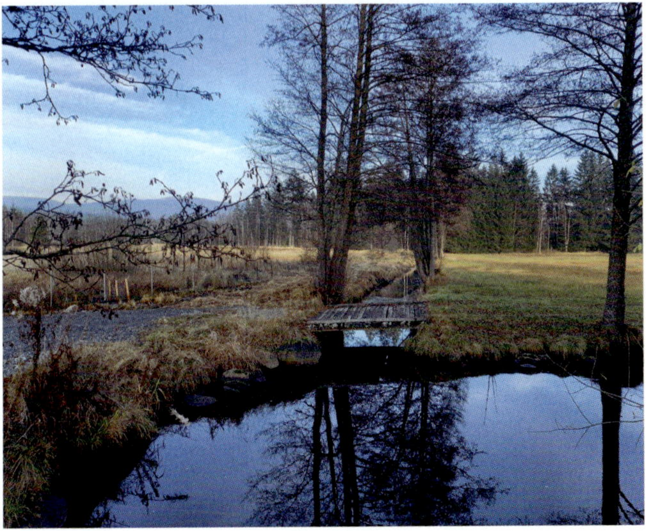

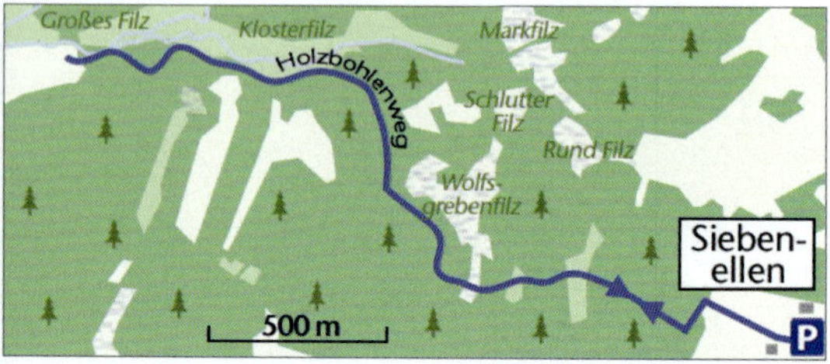

Wegbeschreibung: Gegenüber dem Parkplatz ist der breite Schotterweg, der in den Wald hineinführt ,schon ersichtlich. Dieser Weg verläuft relativ eben durch den Wald. An zwei Abzweigungen weisen Beschilderungen die Richtung zum Filz, der Wanderweg führt gut ausgeschildert und sichtbar durch das größte Moorgebiet des Bayerischen Waldes. Im Großen Filz bieten sich schöne Blicke auf das Rachelmassiv. Gleicher Rück- wie Hinweg.

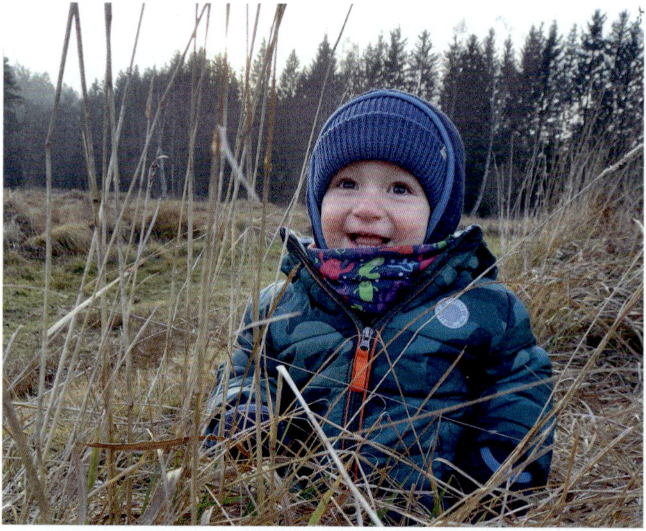

33 Filzwald (750 m)

Riedlhütte: zwei Varianten durch ein Hochmoor ***

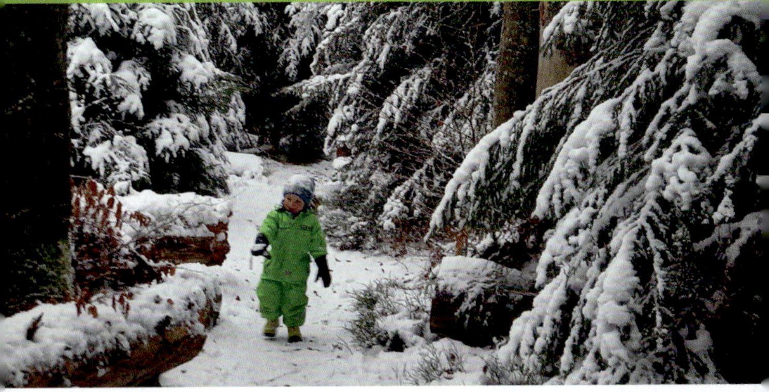

Das Große Filz, ein einzigartiges Hochmoorgebiet im Bayerischen Wald, lässt sich entweder auf dem barrierefreien Rundweg Libelle oder als Tragetour durch den Filzwald erkunden. Filze, ein altbayerischer Begriff für Hochmoore, entstehen durch niedrige Temperaturen, erhöhte Niederschlagsmengen und gehemmten Wasserabfluss. Die Holzbohlen, die durch das Filz führen, sind gerade für Kinder lustig zum Drüberlaufen. Plätze zum Verweilen und eine Aussichtsplattform machen die Runde abwechslungsreich.

Wetter: Anforderung: Gesamtdauer: ¾ h

Anforderung:	Var. Kinderwagen: Leicht, fast eben. Var Trage: Leicht; fast eben; überwiegend schmale Waldwege und Holzbohlen.
Dauer:	Var. Trage: RW ¾ h; 2,7 km. Var. Kinderwagen: RW ½ h; 1,6 km.
Wetter:	Für jedes Wetter gut geeignet. Im Winter nicht geräumt, aber in der Regel ist ein Trampelpfad vorhanden.

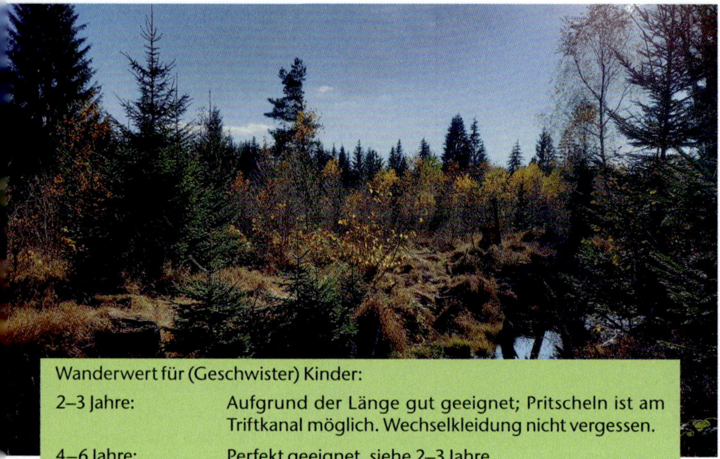

Wanderwert für (Geschwister) Kinder:	
2–3 Jahre:	Aufgrund der Länge gut geeignet; Pritscheln ist am Triftkanal möglich. Wechselkleidung nicht vergessen.
4–6 Jahre:	Perfekt geeignet, siehe 2–3 Jahre.
Kinderfahrrad:	Nein.

Navi: Var. Kinderwagen: Parkplatz Diensthüttenstraße. Var. Trage: Parkplatz Filzwald. Beide Parkplätze befinden sich an der Nationalparkstraße und sind ca. 600 m voneinander entfernt. (Nähe: 94566 Riedlhütte).

Anfahrt: Von Spiegelau kommend befindet sich der Parkplatz Filzwald ca. 1,5 km nach der Abzweigung Riedlhütte. Der Parkplatz Diensthüttenstraße ist vom Parkplatz Filzwald weitere 600 m entfernt. Von Neuschönau kommend befindet sich ca. 1,5 km nach der Abzweigung St.Oswald der Parkplatz Diensthüttenstraße.

Bus/Bahn: Igelbusanbindung bis zur Hst. Diensthüttenstraße.

Ausgangspunkt/P: Variante Kinderwagen: Parkplatz Diensthüttenstraße, Variente Trage: Parkplatz Filzwald.

Infos/Gaststätten: *Keine Einkehrmöglichkeiten, aber es laden viele Bänke und die Aussichtsplattform zum Rasten und Picknicken ein. Proviant nicht vergessen.

Wegbeschreibung: Var. Kinderwagen: Vom Ausgangspunkt muss zunächst die Nationalparkstraße überquert werden, bevor der Weg in den Wald hinein führt. Auf Holzbohlen und gewalzten Schotterwegen führt der gut ausgeschilderte Rundweg Libelle zum Hochmoor Großes Filz.

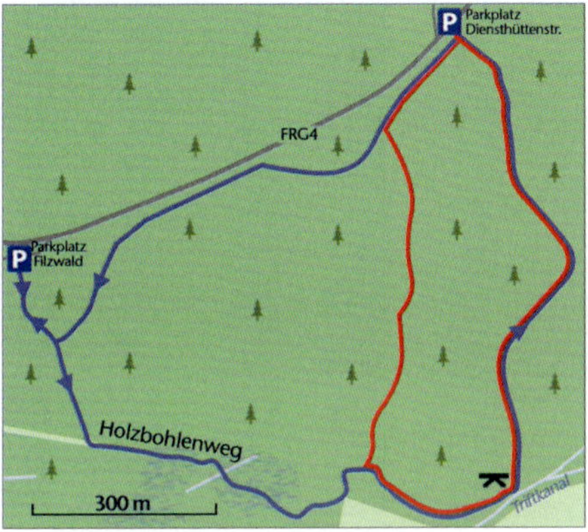

Var. Trage: Vom Parkplatz führt der Weg abfallend durch den Wald und wird nach wenigen Minuten vom Nationalparkradweg gekreuzt. Wenige Meter nachdem der Radweg überquert wurde, beginnen die Holzbohlen, die durch das Moorgebiet und den Filzwald führen. Nach ca. 15 Minuten Wegstrecke kommt man auf den Rundweg Libelle. Dort rechts abbiegen, und nach kurzer Zeit erreicht man die Aussichtsplattform Großes Filz. Von dort führt der Rundweg Libelle zurück zum Nationalparkradweg. Hier links abbiegen und dem Weg bis zur Abzweigung Parkplatz Filzwald folgen.

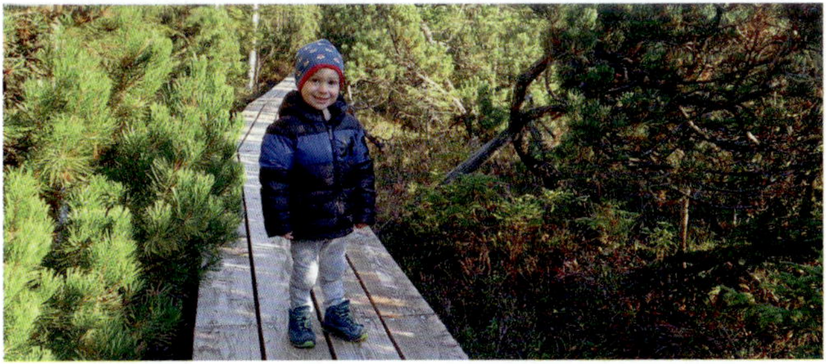

34 Waldspielgelände

Spiegelau: Spiel, Spaß und Natur

***

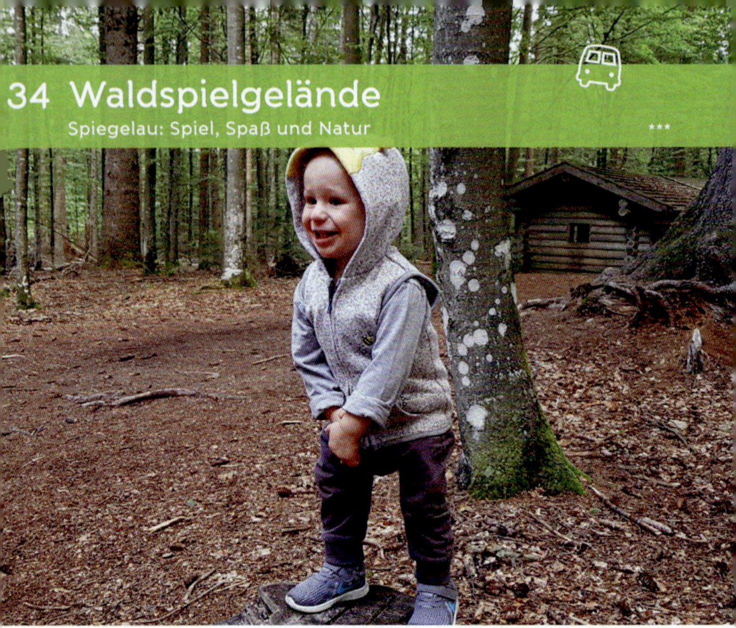

Schönster Spielplatz in der Region und unsere liebste Anlaufstelle. Auch an stark frequentierten Tagen verlaufen sich die Besucher recht gut, so dass in der Regel auch immer Spielgeräte frei sind. Mit vielen Spielgeräten, einem Naturerlebnispfad und Pritschelstellen ein perfektes Ausflugsziel. Am besten Wechselwäsche, Brotzeit und viel Zeit einpacken.

Wetter: Anforderung: Gesamtdauer: 3 h

Anforderung:	Leicht; fast eben; zu 90 % breiter Schotterweg, breite Waldwege, manchmal für wenige Meter verwurzelte Stellen.
Dauer:	RW: 3 h; 50 Hektar großes Areal.
Wetter:	Bei jedem Wetter geeignet. Gut geschützt im Wald, auch bei leichtem Regen kein Problem. Im Winter ist ein Großteil der Spielgeräte abmontiert.

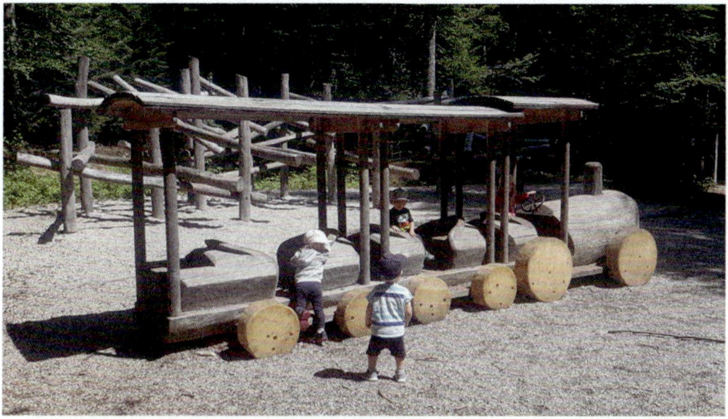

Wanderwert für (Geschwister) Kinder:	
2–3 Jahre:	Rutschen, Schaukeln, Klettermöglichkeiten uvm., Naturerlebnispfad mit Barfußweg. Die Spielbereiche liegen nur wenige 100 Meter auseinander.
4–6 Jahre:	Siehe 2–3 Jahre.
Kinderfahrrad:	Nein. Grundsätzlich zu 90 % mit Laufrad möglich.

Navi: 94518 Spiegelau, Trosselweg.

Anfahrt: Über Nationalparkstraße kommend nach Spiegelau. In Spiegelau über Waldbahn-Bahnhof in die Forststraße, rechts in den Trosselweg. Am Ende befindet sich der Parkplatz. Von Grafenau kommend auf St2132 nach Spiegelau. Von Regen kommend auf B85 nach Kirchdorf im Wald und über Klingenbrunn weiter nach Spiegelau.

Bus/Bahn: Hst. Waldbahn-Bahnhof Spiegelau oder P+R Spiegelau. Beide Haltestellen liegen nur wenige hundert Meter vom Parkplatz entfernt.

Ausgangspunkt/P: Parkplatz Waldspielgelände.

Infos/Gaststätten: *Café und Biergarten Kaffeehousekultur, Tel. 01577 3757084, www.kaffeehousekultur.de, Ruhetage: Mo, Di. *Schöne Plätze zum Picknicken auf dem Gelände.

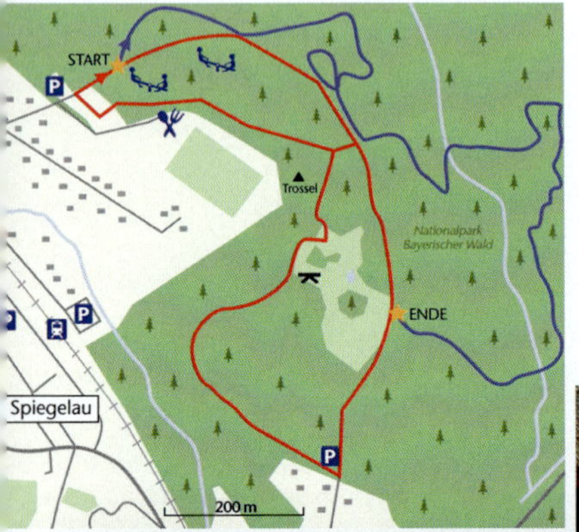

Wegbeschreibung: Eine Wegbeschreibung ist nicht erforderlich, da das Waldspielgelände je nach Lust und Laune erkundet werden kann. Außerdem befinden sich Übersichtstafeln auf dem Gelände, so dass man sich gut orientieren kann.

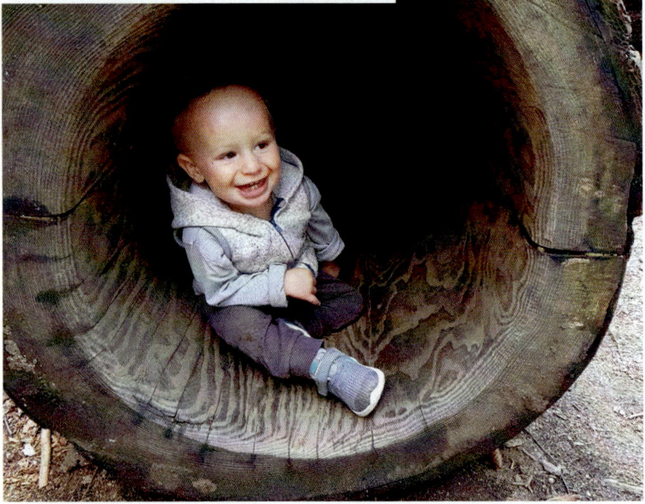

35 Tragetour Aufichtenwaldsteg

Spiegelau: ursprünglicher Fichtenwald ***

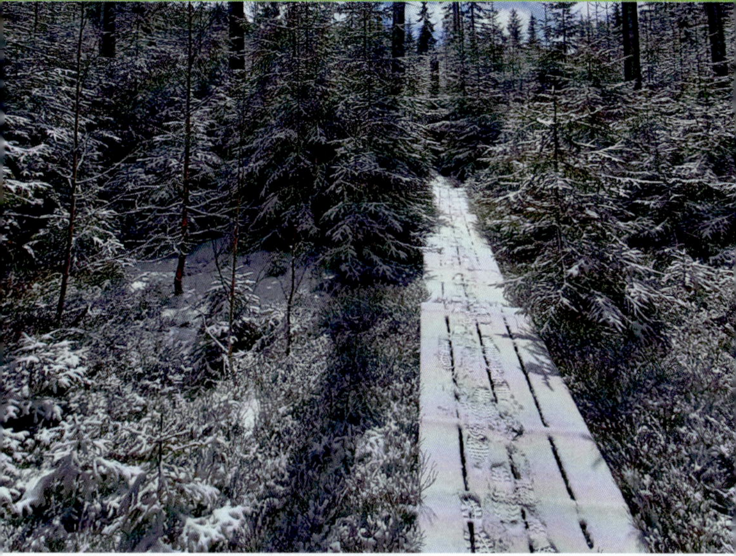

Der Aufichtenwaldsteg ist ein Erlebnisweg am Ortsrand von Spiegelau. Er führt durch einen von der Fichte dominierten Bereich und gibt beeindruckende Einblicke in den Wilden Wald und die vielfältige Pflanzenwelt. Die Kneippanlage und die vielen Bachläufe sind für unsere Buben immer Anziehungspunkt.

Wetter: Anforderung: Gesamtdauer: 1 h

Anforderung: Leicht; 50 Hm; fast eben; breite Schotterwege, Waldwege, Hohlzbohlenweg.

Dauer: RW: 1 h; 3,5 km.

Wetter: Bei jedem Wetter geeignet.

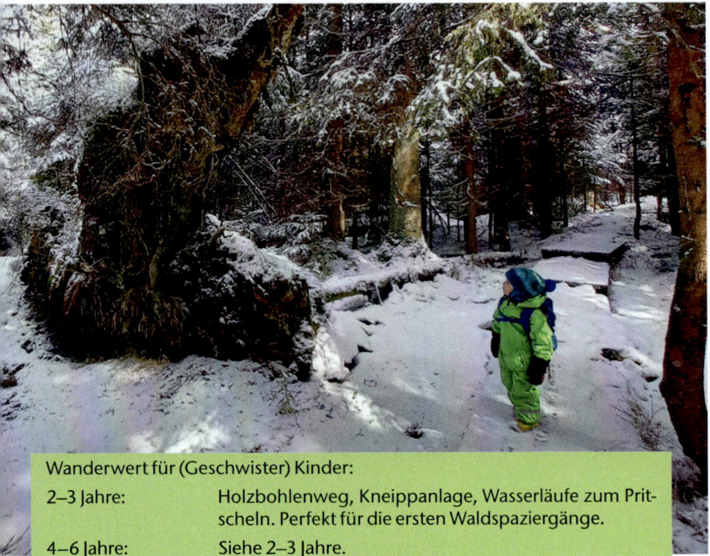

Wanderwert für (Geschwister) Kinder:

2–3 Jahre:	Holzbohlenweg, Kneippanlage, Wasserläufe zum Pritscheln. Perfekt für die ersten Waldspaziergänge.
4–6 Jahre:	Siehe 2–3 Jahre.
Kinderfahrrad:	Nein. Der Zuweg (ca. 500 m) wäre mit Laufrad möglich, der Rundweg jedoch nicht.

Navi: 94518 Spiegelau, Konrad-Wilsdorf-Straße 1b.

Anfahrt: Über die Nationalparkstraße kommend nach Spiegelau. In Spiegelau auf Hauptstraße. Zwischen Norma und Edeka in die Konrad-Wilsdorf-Straße. Unterhalb des P+R befinden sich die Parkplätze. Von Grafenau kommend auf St2132 nach Spiegelau. Von Regen kommend auf B85 nach Kirchdorf im Wald und über Klingenbrunn weiter nach Spiegelau.

Bus/Bahn: Hst. P+R Spiegelau.

Ausgangspunkt/P: P+R Parkplatz Spiegelau.

Infos/Gaststätten: *Keine Einkehrmöglichkeit, aber Picknickplätze am Weg. Proviant einpacken.

Wegbeschreibung: Vom Parkplatz führt auf der gegenüberliegenden Seite ein breiter Schotterweg (Beschilderung "Hase") in den Wald. Nach einem kurzen Stück zweigt ein Weg rechts ab bis zu einer Asphaltstraße, Bahnschienen und dem Kurpark von Spiegelau. Der Beschilderung Hauptwanderweg Wald folgend, geht es links zum Wald. Der Weg führt an der Kneippanlage vorbei und schlängelt sich durch den Wald bis zum Beginn des Aufichtenwaldsteges, ein Rundweg mit Informationstafeln. Entweder gleicher Rückweg oder auf halber Strecke der Beschilderung zum Kurpark folgen und von dort durch den Wald zurück zum Ausgangspunkt.

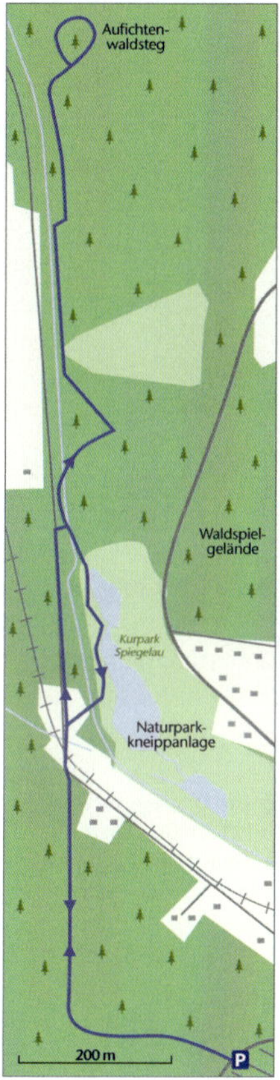

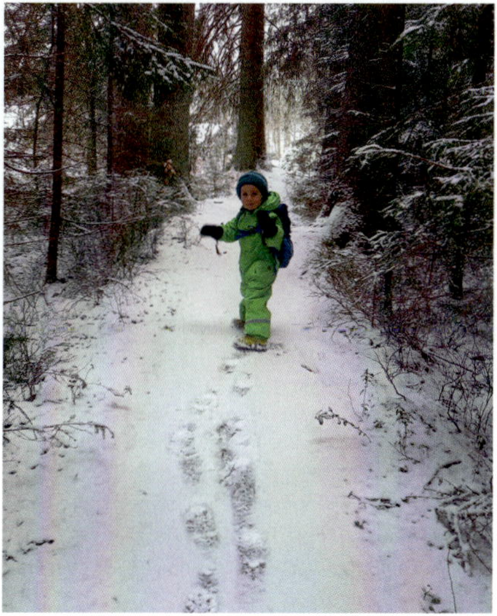

36 Rundweg Spitzmaus

Klingenbrunn (Bhf): Pritscheln und Waldbaden

***

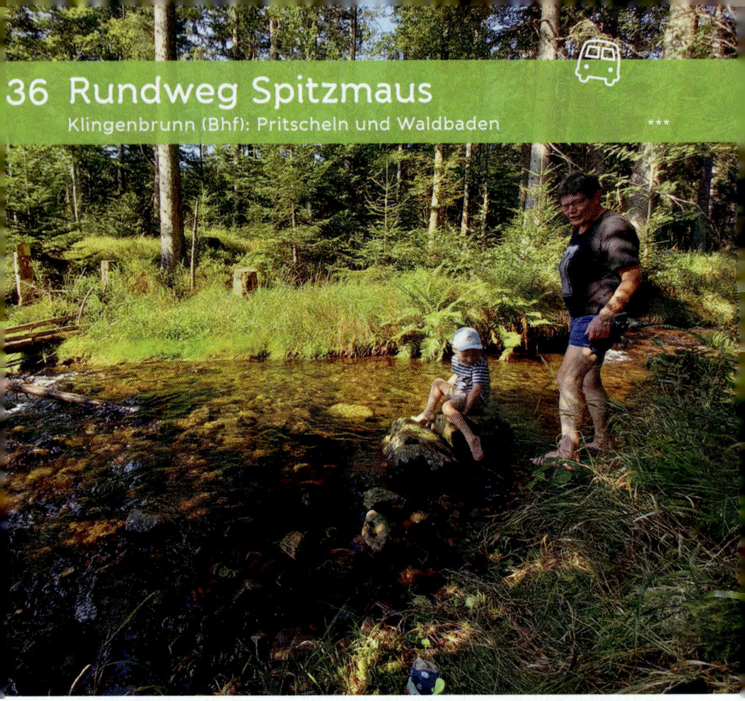

Leicht begehbarer Rundweg mit vielen Stellen zum Pritscheln. Überwiegend auf breiten Wegen geht es durch den Wald und der Bachlauf bietet gerade an heißen Tagen eine schöne Abkühlung. Die kurze Distanz und der flach verlaufende Wanderweg sind auch für die kleinsten Wanderer gut zu begehen.

Wetter: Anforderung: Gesamtdauer: ¾ h

Anforderung: Leicht; 40 Hm; fast eben; feine Schotter- und Waldwege.

Dauer: RW: ¾ h; 3 km.

Wetter: Bei trockenem Wanderwetter geeignet.

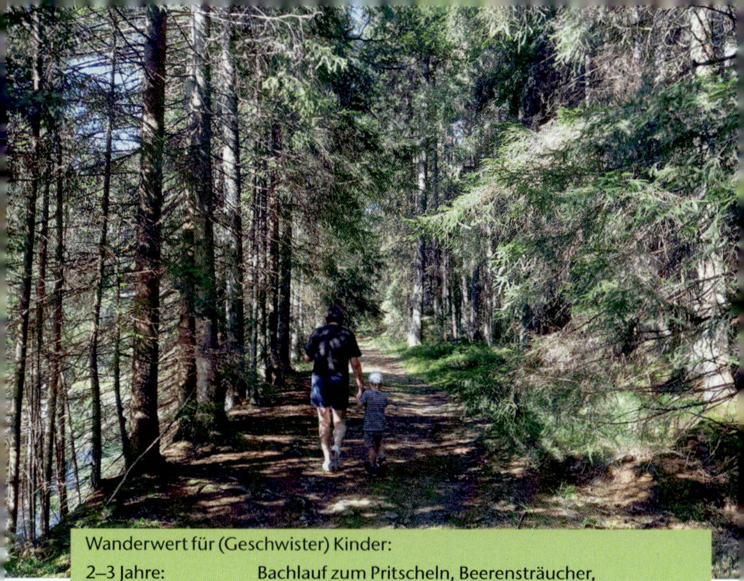

Wanderwert für (Geschwister) Kinder:	
2–3 Jahre:	Bachlauf zum Pritscheln, Beerensträucher, am Parkplatz befindet sich eine Wippe. Auch gut zum Selber-laufen. Kinderwagen mitnehmen, falls die Kraft ausgeht.
4–6 Jahre:	Siehe 2–3 Jahre.
Kinderfahrrad:	Nein. Drei-Viertel der Strecke sind mit Laufrad möglich, bei den wurzeligen Stellen müsste das Rad getragen werden.

Navi: 94518 Spiegelau, Klingenbrunn-Bahnhof 17.

Anfahrt: Von Spiegelau kommend über Klingenbrunn in Richtung Frauenau. Im Weiler Althütte rechts abbiegen nach Klingenbrunn Bahnhof. Von Zwiesel kommend über Frauenau in Richtung Klingenbrunn. Im Weiler Althütte links abbiegen nach Klingenbrunn Bahnhof. In der Ortsmitte von Klingenbrunn Bahnhof über den Bahnübergang und der Straße bis zum Wanderparkplatz Flanitzebene folgen.

Bus/Bahn: Hst. Klingenbrunn Bahnhof.

Ausgangspunkt/P: Wanderparkplatz Flanitzebene.

Infos/Gaststätten: *Keine Einkehrmöglichkeit, am besten Brotzeit einpacken.

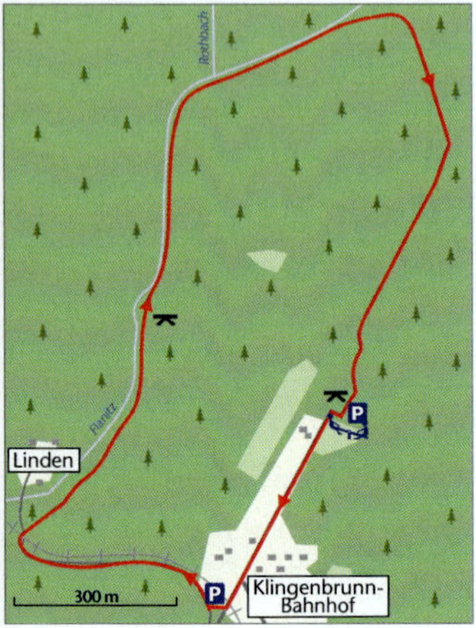

Wegbeschreibung: Der Rundweg "Spitzmaus" ist sehr gut ausgeschildert. Vom Wanderparkplatz Flanitzebene geht es auf der asphaltierten Straße zurück zur Ortsmitte. Nach dem Bahnübergang rechts abbiegen und dem Schotterweg entlang der Bahngleise folgen. Am nächsten Übergang die Bahngleise wieder überqueren und dann verläuft der Weg in den Wald hinein. Am Bachlauf der Flanitzebene dem Weg folgen, bis dieser schließlich eine große Rechtskurve macht und zurück zum Ausgangspunkt führt. Der letzte Abschnitt kann entweder per pedes durch den Wald oder mit dem Kinderwagen auf dem direkt daneben verlaufenden Schotterweg zurückgelegt werden.

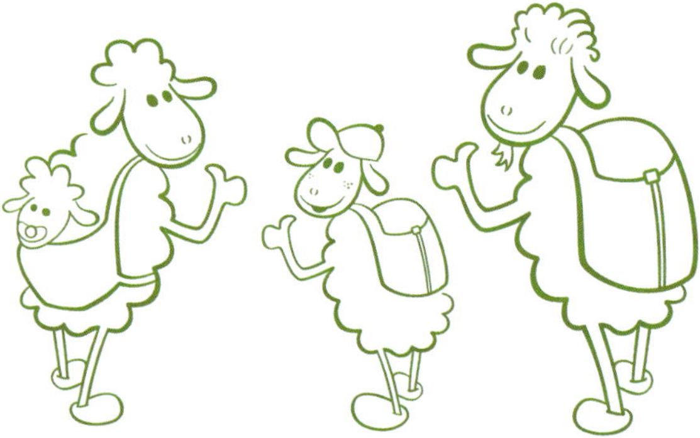

37 Rundweg Hirschgeweih

St. Oswald-Riedlhütte: Idylle im Wald

**

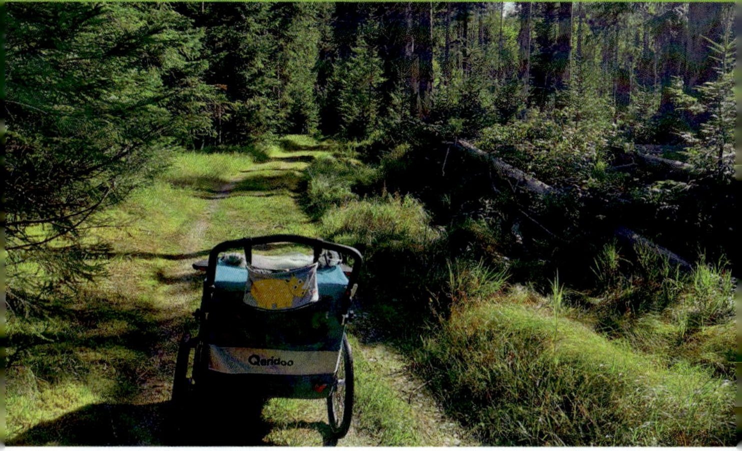

Der Rundweg Hirschgeweih ist ein vom Nationalpark ausgewiesener bequemer, mit Kinderwagen befahrbarer Weg. Durch den Wald und am Seebach entlang, mit Blicken auf die markanten Gipfel Rachel und Lusen, ist dies ein von uns gern begangener Weg. Der erste Teilabschnitt führt auf breiten Schotterwegen durch den Wald und ist eher monoton. Der Rückweg direkt am Bach, mit Tierspuren und Fraßspuren vom Biber, ist für unsere Buben immer kurzweiliger.

Wetter: Anforderung: Gesamtdauer: ¾ – 1 ½ h

Anforderung:	Leicht; 70 Hm; kurze mittlere Steigungen; breiter Schotter- und Waldweg.
Dauer:	RW: ¾ h; 3,5 km; Verlängerung ab Parkplatz: 1 ½ h; 6,5 km.
Wetter:	Bei trockenem Wetter; bei Regen ist der zweite Wegabschnitt matschig.

Wanderwert für (Geschwister) Kinder:	
2–3 Jahre:	Der Rückweg verläuft direkt am Bach, da eignet sich die ein oder andere Stelle gut zum Pritscheln.
4–6 Jahre:	In diesem Alter bei P1, Hst. Taferlruck starten und ein Stück in umgekehrter Richtung bis zu den Wasserzugängen wandern.
Kinderfahrrad:	Ja.

Navi: 94568 St. Oswald, Nationalparkstraße.

Anfahrt: Von Spiegelau kommend Nationalparkstraße Richtung Mauth. Von Mauth kommend Nationalparkstraße Richtung Spiegelau. Abzweigung Diensthüttenstraße ist gut beschildert.

Bus/Bahn: Hst. Diensthüttenstraße.

Ausgangspunkt/P: Haltestelle Taferlruck.

Infos/Gaststätten: *Keine Einkehrmöglichkeit, am besten Brotzeit einpacken. *Igelbus Tageskarte € 5, mit Gästekarte frei. *Im Winter nicht begehbar, da sich in diesem Bereich ein Wildschutzgebiet befindet.

Wegbeschreibung: Entweder man fährt vom Parkplatz mit dem Igelbus eine Haltestelle bis zum Taferlruck oder man verlängert den Spaziergang und geht auf der asphaltierten Straße vom Parkplatz Diensthüttenstraße die eineinhalb Kilometer. Der gut ausgeschilderte Rundweg Hirschgeweih startet an der Haltestelle Taferlruck und verläuft auf der ersten Hälfte des Weges auf einem breiten Schotterweg durch den Wald. Bevor der Rundweg rechts abzweigt, befinden sich an der gegenüberliegenden Seite ein Tisch und Bänke. Idealer

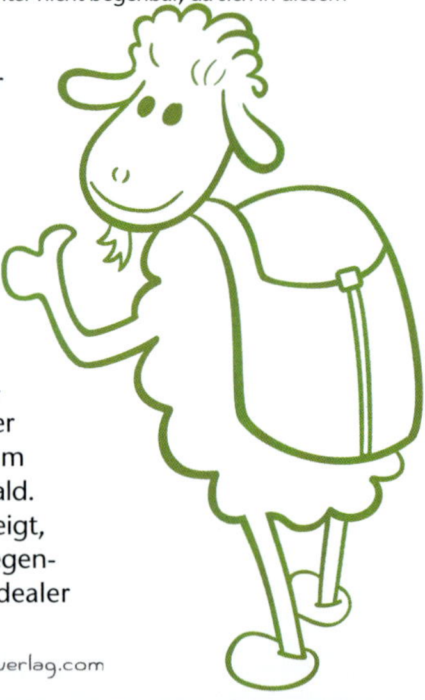

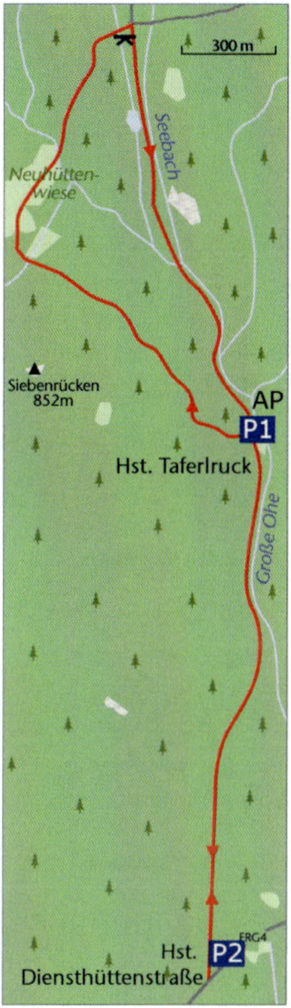

Platz zum Brotzeit-Machen. Der Rückweg verläuft dann am Seebach entlang zurück zum Ausgangspunkt. Wir starten grundsätzlich immer am Parkplatz und genießen den 6,5 km langen Spaziergang durch den Wald. Unsere Kinder können sich austoben und wenn sie müde werden, geht 's im Kinderwagen weiter.

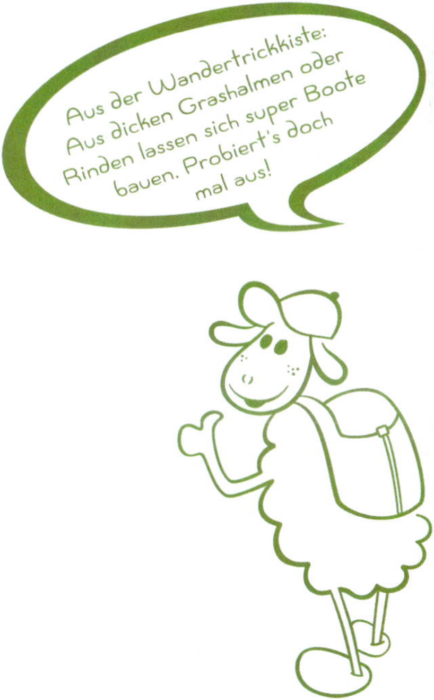

38 Tragetour Großer Rachel (1.452 m)

Spiegelau: auf den höchsten Berg des Nationalparks ***

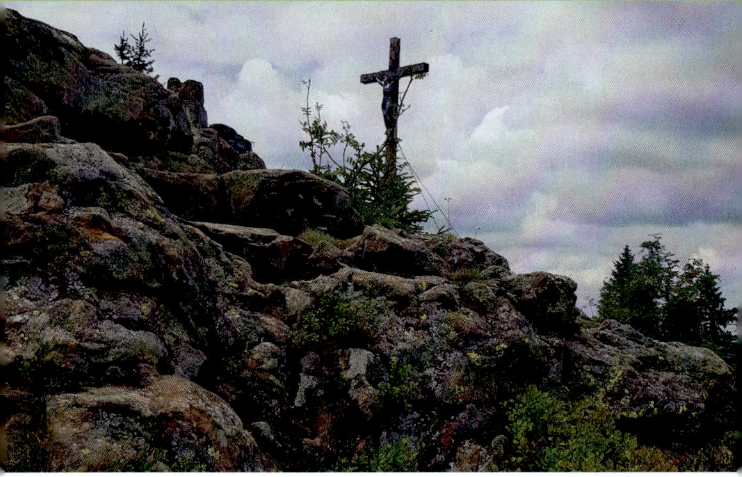

Für diese anstrengende, aber schöne Bergwanderung sollte unbedingt eine Trage auch für die schon gehenden Kinder eingepackt werden. Durch den Wald und entlang des Weges gibt es zwar immer einiges zu entdecken, aber die Höhenmeter und die Distanz sind für die kleinen Wanderer doch zu viel. Die Markierungen "Bärlapp" und "Auerhahn" zeigen den Weg, so dass man den Aufstieg über den sogenannten Klingenbrunner Rachelsteig und den Abstieg vom Waldschmidthaus über eine breite Schotterstraße problemlos findet.

Wetter: ◐ Anforderung: ● Gesamtdauer: 3 h

Anforderung:	Schwer; 500 Hm; stetig ansteigend, abschnittsweise steil; überwiegend Waldwege.
Dauer:	RW: 3 h; 8 km.
Wetter:	Bei trockenem Wanderwetter.

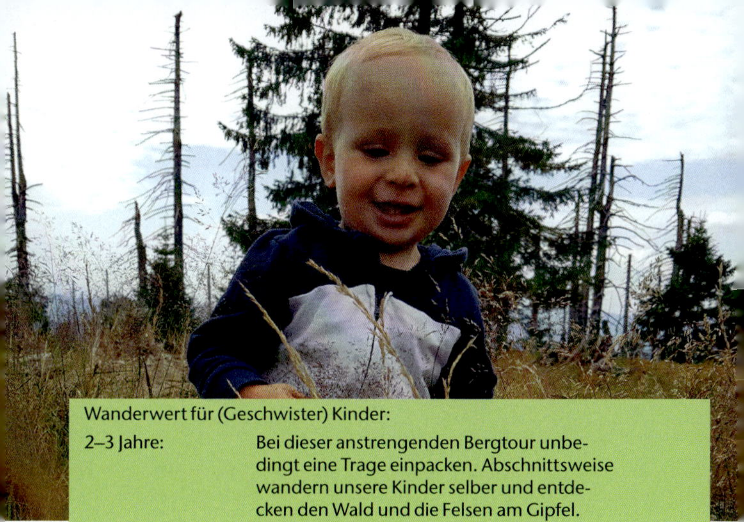

Wanderwert für (Geschwister) Kinder:	
2–3 Jahre:	Bei dieser anstrengenden Bergtour unbedingt eine Trage einpacken. Abschnittsweise wandern unsere Kinder selber und entdecken den Wald und die Felsen am Gipfel.
4-6 Jahre:	Siehe 2–3 Jahre.
Kinderfahrrad:	Nein.

Navi: 94518 Spiegelau, Konrad-Wilsdorf-Straße 1b.

Anfahrt: Über die Nationalparkstraße kommend nach Spiegelau. In Spiegelau auf Hauptstraße. Zwischen Norma und Edeka in die Konrad-Wilsdorf-Straße. Unterhalb des P+R befinden sich die Parkplätze. Von Grafenau kommend auf St2132 nach Spiegelau. Von Regen kommend auf B85 nach Kirchdorf im Wald und über Klingenbrunn weiter nach Spiegelau.

P/Bus/Bahn: P+R Parkplatz Spiegelau. Von hier kann man zum Wanderparkplatz Gfäll mit dem Bus fahren, da die Straße zum Ausgangspunkt nur zu bestimmten Zeiten mit dem PKW angefahren werden kann. Siehe Infos/Gaststätten.

Ausgangspunkt/P: Wanderparkplatz Gfäll.

Infos/Gaststätten: *Waldschmidthaus unterhalb des Gipfels; wird momentan saniert. *Wanderparkplatz Gfäll kann vor 8 Uhr oder nach 17 Uhr angefahren werden. *Vom P+R Spiegelau fährt halbstündlich der Igelbus zum Wanderparkplatz Gfäll. Richtpreis Tageskarte Igelbus € 5, mit Gästekarte frei. *Tipp: Unweit des Ausgangspunktes befindet sich die Haltestelle Seelensteig. Der Seelensteig ist ein 1,3 km langer Rundweg durch Wildnis pur. Dort erlebt man das Motto des Nationalparks „Natur Natur sein lassen“.

Wegbeschreibung: Vom Wanderparkplatz Gfäll geht es den nach links verlaufenden Schotterweg in den Wald hinein, der nach etwas mehr als einem Kilometer auf den Klingenbrunner Rachelsteig führt.

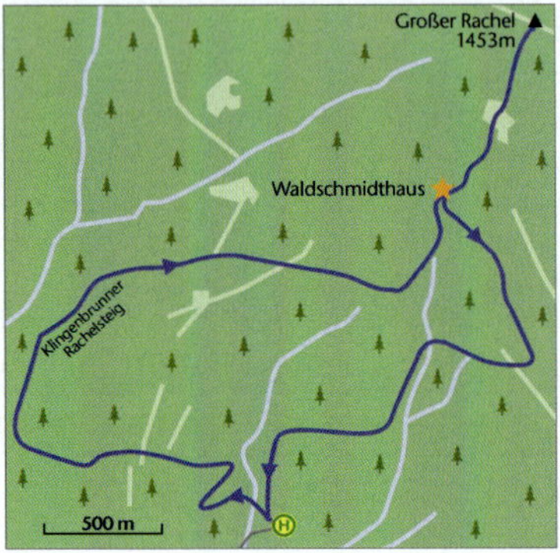

Stetig bergauf durch den Wald mündet der Weg schließlich auf einem breiten Schotterweg unterhalb des Waldschmidthauses.

Von dort sind es noch 500 m auf den Gipfel des Großen Rachel. Der Abstieg führt über die breite Schotterstraße zurück zum Ausgangspunkt.

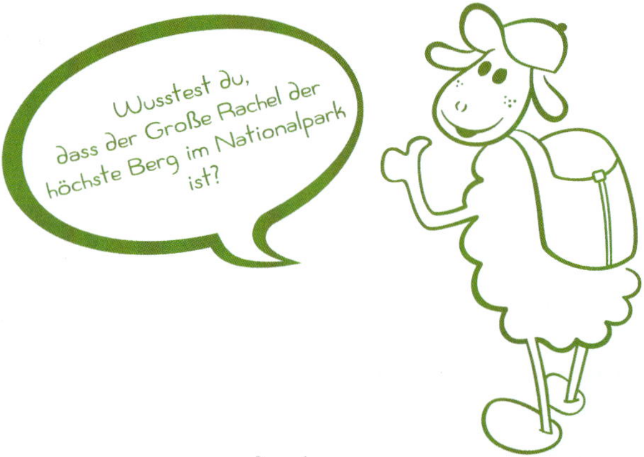

39 Tragetour Rachelsee

St.Oswald-Riedlhütte: langer Weg mit schönem Ziel **

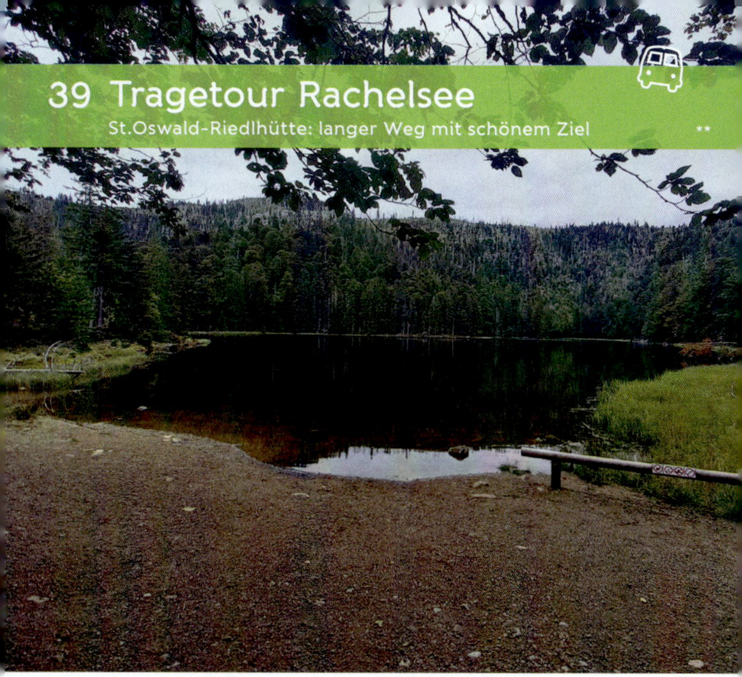

Eine unserer Lieblingswanderungen durch den Wald hinauf zum Rachelsee, einem eiszeitlichen Karsee. Bänke am Ufer laden zum Verweilen ein und man kann den Blick auf den Großen Rachel, die Seewand und die Rachelkapelle genießen. Der Wanderweg schlängelt sich durch den Wald und unsere Buben entdecken im Totholz oder an den kleinen Wasserläufen immer interessante Dinge.

Wetter: Anforderung: Gesamtdauer: 3 h

Anforderung:	Leicht – mittel; 250 Hm; mittlere Steigungen; überwiegend Waldwege.
Dauer:	Eine Strecke: 1½ h; 4 km.
Wetter:	Bei trockenem Wanderwetter geeignet.

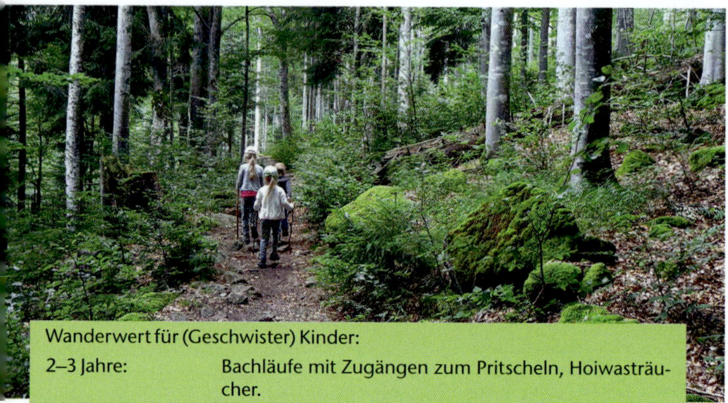

Wanderwert für (Geschwister) Kinder:	
2–3 Jahre:	Bachläufe mit Zugängen zum Pritscheln, Hoiwasträucher.
4–6 Jahre:	Herausfordernde Tour für gehfreudige Kinder.
Kinderfahrrad:	Nein.

Navi: 94568 St. Oswald, Nationalparkstraße.

Anfahrt: Von Spiegelau kommend die Nationalparkstraße Richtung Mauth fahren. Von Mauth kommend die Nationalparkstraße Richtung Spiegelau nehmen. Abzweigung Diensthüttenstraße ist gut beschildert.

Bus/Bahn: Hst. Diensthüttenstraße.

Ausgangspunkt/P: Hst. Racheldiensthütte.

Infos/Gaststätten: *Racheldiensthütte. Tel: 08553 979004. Von Mai bis Ende Oktober, tgl. 9.30–18 Uhr. *Vom Parkplatz Diensthüttenstraße mit dem Igelbus zur Haltestelle Racheldiensthütte. *Richtpreis Igelbus Tageskarte € 5, mit Gästekarte kostenlos.

Wegbeschreibung: Von der Haltestelle Racheldiensthütte führt ein schmaler Weg hinauf zu eben dieser. Der Weg hinauf zum Rachelsee ist sehr gut mit "Buntspecht" ausgeschildert. An der Racheldiensthütte und der kleinen Klause vorbei auf einem breiten Schotterweg, bis nach wenigen Minuten ein Weg in den Wald abzweigt. Dieser Waldweg führt stetig bergauf durch den Bergmischwald und mündet nach

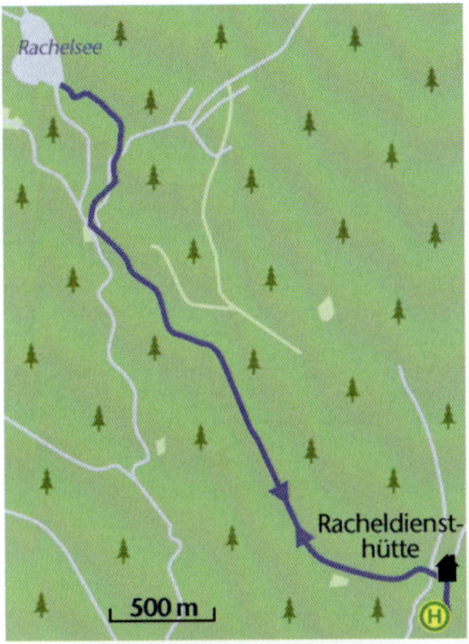

über einer Stunde wieder auf einem breiten Schotterweg. Dort rechs abbiegen und dem Weg für weitere zehn Minuten bis zum Rachelsee folgen. Gleicher Rückweg oder über die Felsenkanzel zurück zur Racheldiensthütte. Der Weg zur Felsenkanzel zweigt unterhalb des Rachelsees links ab und ist auch gut beschildert. Wegstrecke ungefähr gleich, ein paar Höhenmeter müssen zusätzlich überwunden werden.

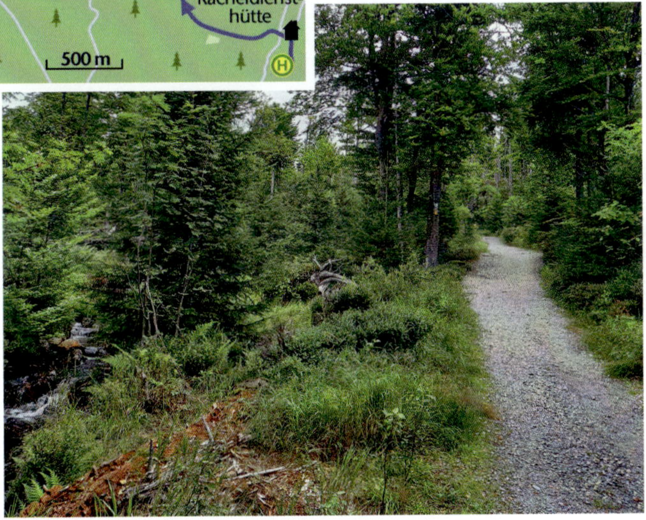

40 Racheldiensthütte

St. Oswald-Riedlhütte: durch den "Wilden Wald" **

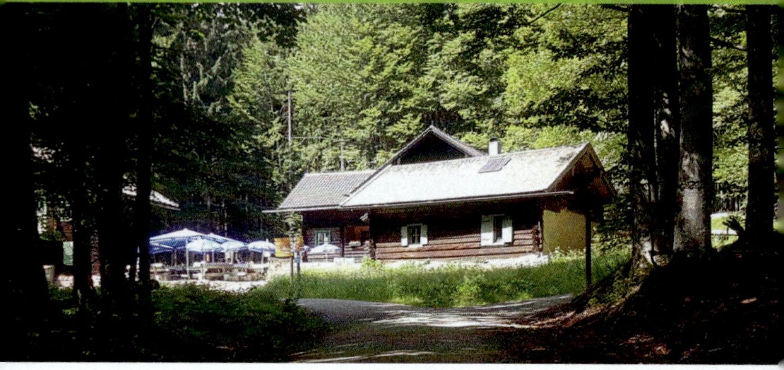

Die Racheldiensthütte liegt idyllisch inmitten des Bayerischen Waldes und ist nicht nur Ausgangspunkt für viele Wanderungen im Rachelgebiet, sondern lädt auch zum Verweilen ein. Die über 100 Jahre alte Hütte diente ehemals als Forsthaus und wurde 2017 renoviert. Vom Parkplatz Fredenbrücke führt ein überwiegend flach verlaufender Wanderweg durch den "Wilden Wald" zur Racheldiensthütte. Nach dem Motto "Der Natur auf der Spur" erhalten Kinder einen einmaligen Einblick in den heimischen Wald.

Wetter: Anforderung: Gesamtdauer: 1½–2 h

Anforderung:	Var.1 (Kinderwagen): Leicht; überwiegend eben, 120 Hm; asphaltierte Straße. Var.2 (Trage): Leicht–mittel; fast eben, 100 Hm; schmale Waldwege; stark verwurzelt.
Dauer:	Var.1 (Kinderwagen): Eine Strecke 1 h; 5 km. Var.2 (Trage): Eine Strecke: ¾ h; 3 km.
Wetter:	Für trockenes Wanderwetter gut geeignet. Die Kinderwagenstrecke bietet sich im Winter gut mit dem Schlitten an.

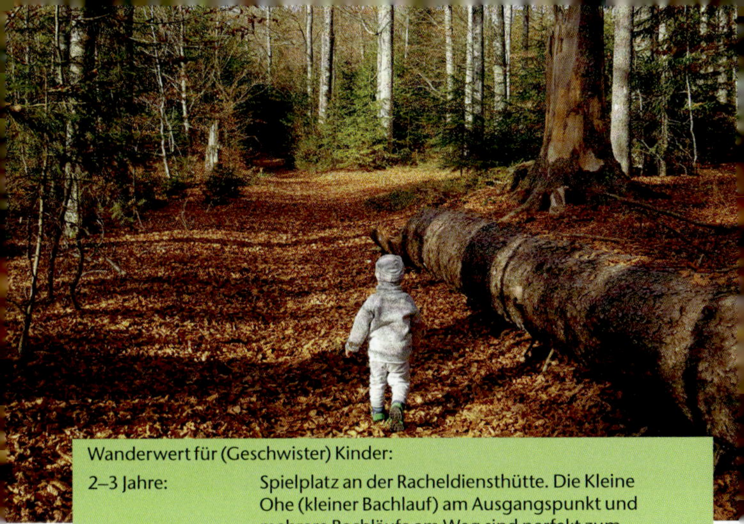

Wanderwert für (Geschwister) Kinder:	
2–3 Jahre:	Spielplatz an der Racheldiensthütte. Die Kleine Ohe (kleiner Bachlauf) am Ausgangspunkt und mehrere Bachläufe am Weg sind perfekt zum Pritscheln. Eignet sich perfekt zum Toben.
4–6 Jahre:	Siehe 2–3 Jahre.
Kinderfahrrad:	Var.1 (Kinderwagen): Ja. Var.2 (Trage): Nein.

Navi: Var.1 (Kinderwagen): 94568 St. Oswald, Nationalparkstraße.
Var.2 (Trage): Neuschönau (OT Waldhäuser), Lusenstraße.

Anfahrt: Von Spiegelau kommend und von Neuschönau kommend der Nationalparkstraße bis zur Abzweigung Racheldiensthütte oder weiter bis Waldhäuser folgen, dann auf Lusenstraße Richtung Bergdorf Waldhäuser, an einer scharfen Kurve befindet sich gut ausgeschildert der Parkplatz "Fredenbrücke".

Bus/Bahn: Var.1 (Kinderwagen): Hst. Diensthüttenstraße.
Var.2 (Trage): Hst. Fredenbrücke.

Ausgangspunkt/P: Var.1 (Kinderwagen): Parkplatz Diensthüttenstraße.
Var.2 (Trage): Parkplatz Fredenbrücke.

Infos/Gaststätten: *Racheldiensthütte. Tel: 08553 979004. Von Mai bis Ende Oktober, tgl. 9.30–18 Uhr. *Richtpreis Igelbus Tageskarte € 5. Mit der Gästekarte kostenlos. *Im Winter ist zwar die Racheldiensthütte geschlossen, aber idealer Weg (Kinderwagenvariante), um Kinder mit dem Schlitten zu ziehen.

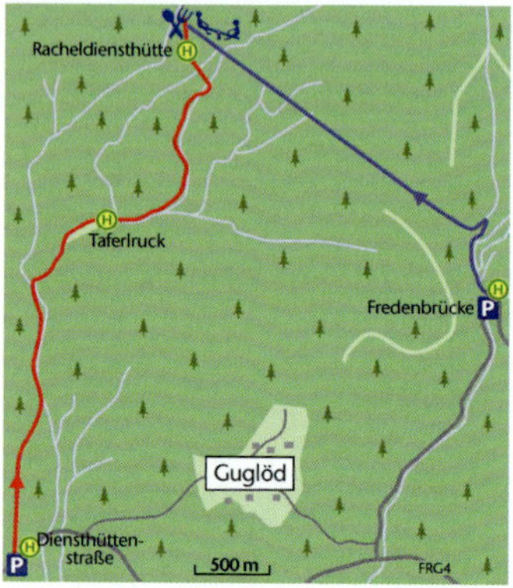

Wegbeschreibung: Var.1 (Kinderwagen): Vom Parkplatz der asphaltierten Straße folgen. Von der Haltestelle Racheldiensthütte führt ein breiter Schotterweg die letzten Meter zur Hütte.

Var.2 (Trage): Vom Wanderparkplatz muss eine Brücke über die Kleine Ohe überquert werden, ehe der Wanderweg in den Wald hinein führt. Der Weg ist mit einem grünen Dreieck gut ausgeschildert und führt den ersten halben Kilometer leicht ansteigend und dann auf einer Höhenlinie durch den Wald. Der schmale Pfad gibt schöne Ausblicke und Einblicke in die artenreiche Vegetation des Nationalparks Bayerischer Wald. Der Weg mündet dann in eine Schotterstraße, von wo aus die Racheldiensthütte schon deutlich sichtbar ist. Alternativ kann von der Racheldiensthütte mit dem Igelbus zurück zum Ausgangspunkt gefahren werden. Dazu fährt stündlich der Bus bis zur Haltestelle Graupsäge. Allerdings ist für die Anschlussverbindung zum Parkplatz Fredenbrücke eine längere Wartezeit zu berücksichtigen, die Strecke kann natürlich auch zu Fuß zurück gelegt werden (2 km, leicht bergauf durch den Wald).

Zusatztipps

Spiegelau

Steinklamm

Der Rundweg "Steinforelle" führt durch dieses enge Tal mit Schluchten und Felsen. Der Weg ist gut ausgeschildert.

Adresse: Steinklammstraße 14, 94518 Spiegelau.
Dauer: RW 7 km; 2 h.

Waldhäuser

Martinsklause

Gerade für kleine Wanderinnen und Wanderer eine kurze Tour zum angestauten See, der einst für die Holztrift angelegt wurde. Schöner Platz für eine Brotzeit.

Adresse: Lusenstraße, OT Waldhäuser, 94556 Neuschönau.
Dauer: Eine Strecke 1,2 km; ½ h.

Finsterau

Alte Klause und Finsterauer Filz

Sehr schöner Rundweg, der auch mit einem geländegängigen Kinderwagen gut befahrbar ist. Der Weg ist gut ausgeschildert.

Adresse: Parkplatz Wistlberg, Buchwaldstraße, 94151 Mauth.
Dauer: RW 3,7 km; 1 h.

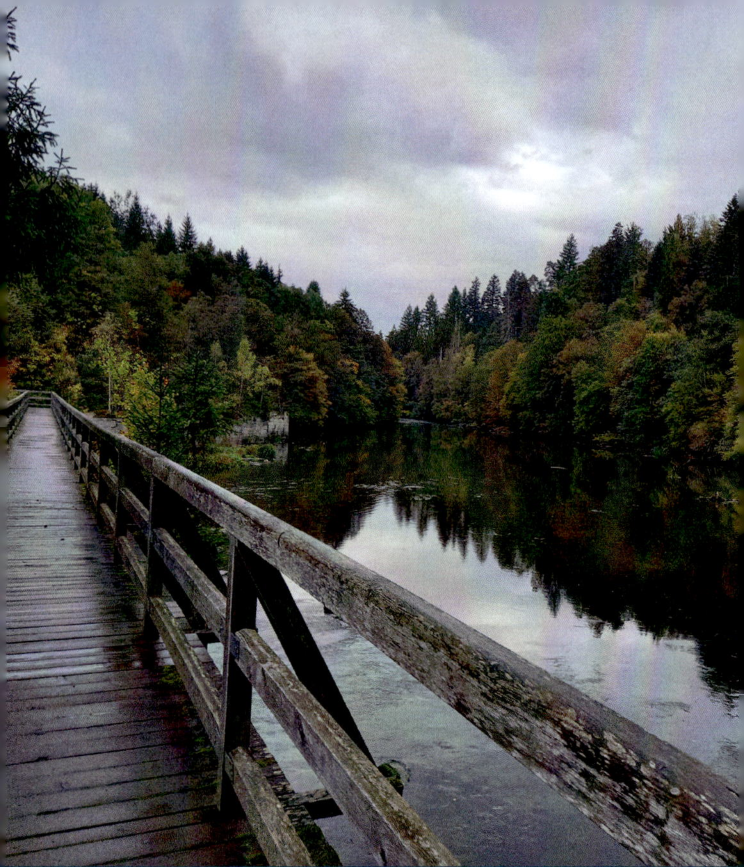

IV. Landkreis Passau

– Passauer Land
– Ilzer Land
– Ilztal & Dreiburgenland

41 Dreiburgensee

Tittling: Naherholung und Naturerlebnis **

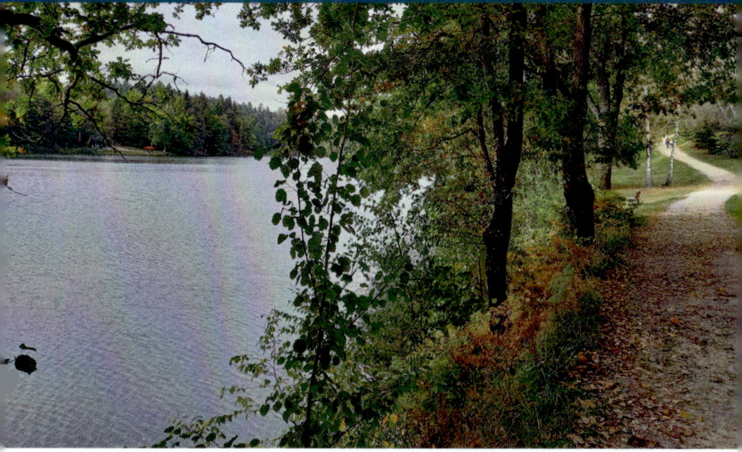

Gemütlicher Spaziergang um den Dreiburgensee, der auf ein dahinterliegendes Biotop ausgeweitet werden kann. Ein Spielplatz und Badestrände entlang des Weges machen diesen Spaziergang abwechslungsreich, aber auch Bänke und die verschiedensten Vögel im Biotop laden zum Verweilen ein. Außerdem empfiehlt sich ein Abstecher in das gegenüberliegende Museumsdorf Tittling, wo in eine längst vergangene Zeit eingetaucht werden kann.

Wetter: Anforderung: Gesamtdauer: ½–1 h

Anforderung:	Leicht; eben; kurze leichte Steigungen; breiter feiner Schotterweg.
Dauer:	Kurzer RW: ½ h; 2,4 km. Langer RW: 1 h; 4,3 km.
Wetter:	Bei jedem Wetter geeignet. Auch im Winter begehbar, aber aufpassen, kann eisig sein. Auch bei regnerischem Wetter eine nette Alternative.

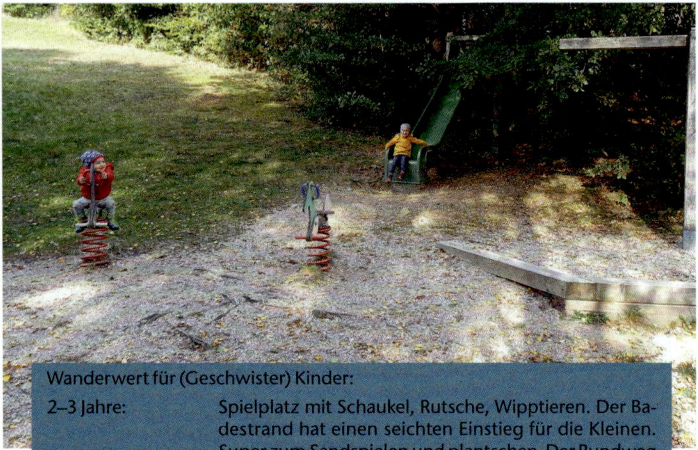

Wanderwert für (Geschwister) Kinder:

2–3 Jahre:	Spielplatz mit Schaukel, Rutsche, Wipptieren. Der Badestrand hat einen seichten Einstieg für die Kleinen. Super zum Sandspielen und plantschen. Der Rundweg lässt sich auch gut von den Kleinsten bewältigen. Enten und Vögel können beobachtet werden. Tretbootverleih.
4–6 Jahre:	Siehe 2–3 Jahre.
Kinderfahrrad:	Perfekt geeignet, da feiner Kies als Untergrund. Zwischen Weg und See in der Regel genügend Abstand.

Navi: 94104 Tittling, Am Dreiburgensee.

Anfahrt: Von Regen/Grafenau/Passau kommend auf der B85 nach Tittling. Ausschilderung an der Bundesstraße zum Dreiburgensee vorhanden. Dort auf der St2128 Richtung Thurmansbang und direkt zum See.

Bus/Bahn: -

Ausgangspunkt/P: Parkplatz Museumsdorf Tittling.

Infos/Gaststätten: *Oischinger Hütte direkt am Weg und am Kiosk am See. Mai bis September, nur bei schönem Wetter, tgl. 11–21 Uhr. *Ghf. Mühlhiasl im Museumsdorf, Tel. 08504 8334, www.museumsdorf.com. Aktuelle Öffnungszeiten auf Homepage. *Museumsdorf Tittling, www.museumsdorf.com, Richtpreis für den Außenbereich € 2.

Wegbeschreibung: Der kurze wie auch der lange Rundweg sind weitgehend selbsterklärend. Gegenüber dem Parkplatz liegt der Dreiburgensee und das dahinterliegende Biotop. Die Rundwege weisen so gut wie keine Steigungen auf und sind daher mit Laufrad oder Fahrrad sehr zu empfehlen.

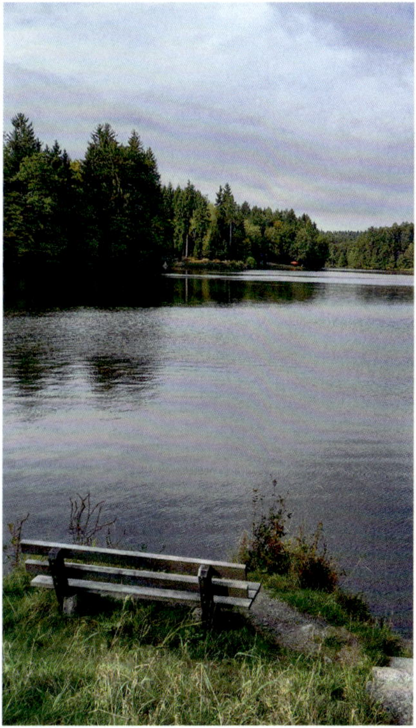

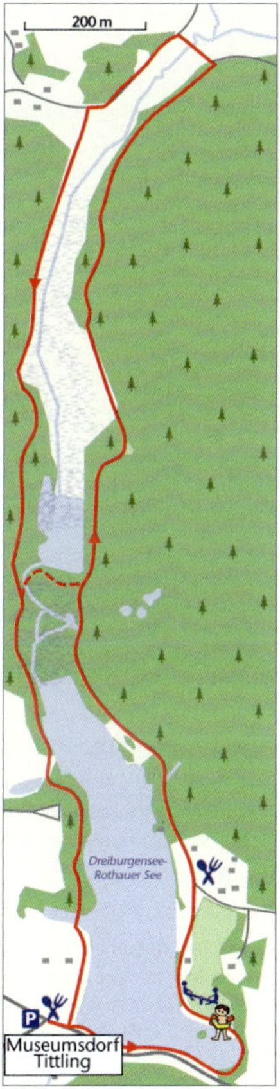

42 Schaukelweg

Breitenberg: von Schaukel zu Schaukel

***

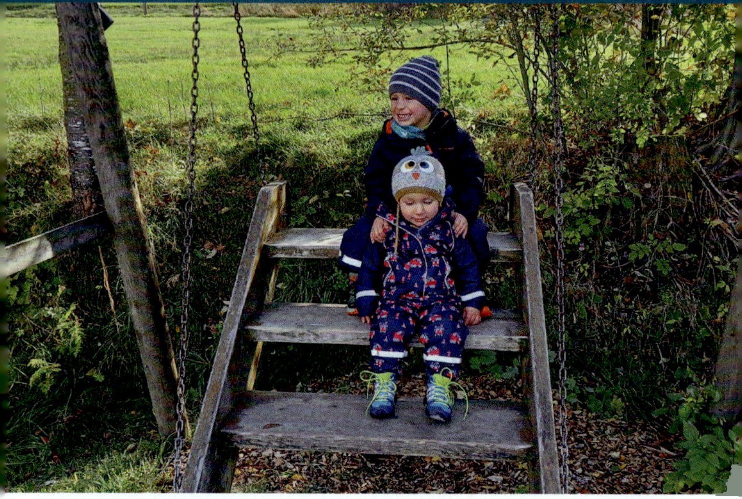

Der Schaukelweg führt auf kaum befahrenen Nebenstraßen und Waldwegen von einer Schaukel zur nächsten und bietet für jedes Alter Spaß und Abwechslung. Die kurzen Distanzen zwischen den Stationen sind schnell überwunden und lassen sich mit Blicken auf den Dreisessel, das Steinerne Meer und den Hochficht genießen. Brotzeit mitnehmen! Im Winter sind die Schaukeln abgebaut.

Wetter: Anforderung: Gesamtdauer: 1 ½ h

Anforderung:	Leicht; 130 Hm; eine längere steile Passage; feine Schotterwege und asphaltierte Wege.
Dauer:	RW: 1 ½ h reine Gehzeit jedoch mehr Zeit zum Schaukeln einplanen; 6 km.
Wetter:	Bei trockenem Wanderwetter geeignet.

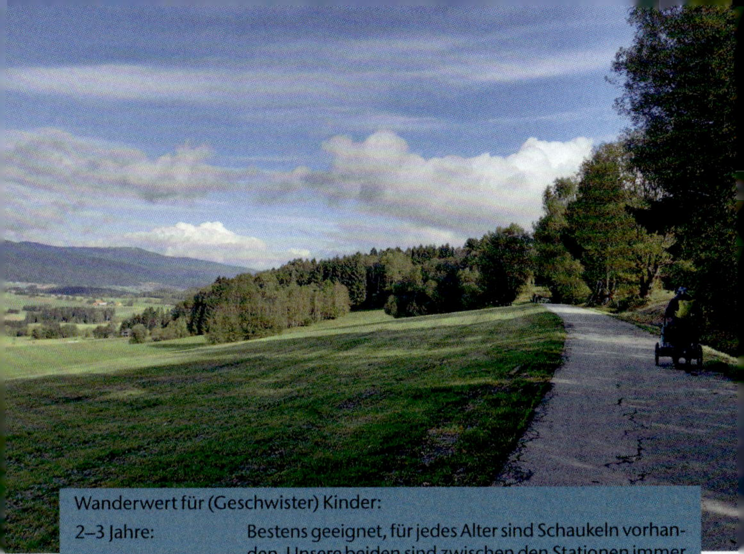

Wanderwert für (Geschwister) Kinder:	
2–3 Jahre:	Bestens geeignet, für jedes Alter sind Schaukeln vorhanden. Unsere beiden sind zwischen den Stationen immer ganz aufgeregt, welche Schaukel als nächstes kommt. Das letzte Stück auf der Gemeindestraße ist ein bisschen unangenehm, auf Autos aufpassen.
4–6 Jahre:	Siehe 2–3 Jahre.
Kinderfahrrad:	Grundsätzlich ja, es sollte jedoch beachtet werden, dass ein Teil des Weges auf einer Gemeindestraße verläuft. Bei der längeren Steigung bedenken, dass das Rad vermutlich getragen werden muss.

Navi: 94139 Breitenberg, Obernstein 10.

Anfahrt: Von Regen/Grafenau/Freyung/Waldkirchen kommend St2131 in Richtung Jandelsbrunn und Sonnen, dann weiter auf St2128 in die Hauzenberger Straße nach Obernstein/Breitenberg. Von Passau kommend auf der B12 in Richtung Thyrnau, dann auf St2132 nach Hauzenberg/Sonnen. St2128 folgend bis Hauzenberger Straße nach Obernstein/Breitenberg.

Bus/Bahn: -

Ausgangspunkt/P: Parkplatz am Nordischen Zentrum Jägerbild.

Infos/Gaststätten: *Kaiseralm am Ausgangspunkt, Tel. 08584 9899980, www.kaiseralm.blutwurzhuette.de, Ruhetage: Mo, Di.

Wegbeschreibung: Der Schaukelweg ist ab dem Ausgangspunkt sehr gut beschildert, so dass man sich recht gut orientieren kann. An der Skirollerstrecke vorbei, befindet sich gleich am Waldrand die erste Schaukel. Von dort der asphaltieren Straße folgen und nach wenigen Minuten links abbiegen. Der Weg führt dann absteigend und eben am Waldrand und an Häusern vorbei. Nach ca. einer halben Stunde rechts abbiegen und dem Weg bis zu einem Bauernhof folgen. Von dort geht es dann einen Kilometer steil ansteigend bis zu einem Granitwerk. Der Straße weiter folgen und nach wenigen Gehminuten rechts abbiegen. Man befindet sich dann wieder auf der Straße, die direkt zum Ausgangspunkt führt. Auf der gesamten Strecke befinden sich in unregelmäßigen Abständen die Schaukelstationen.

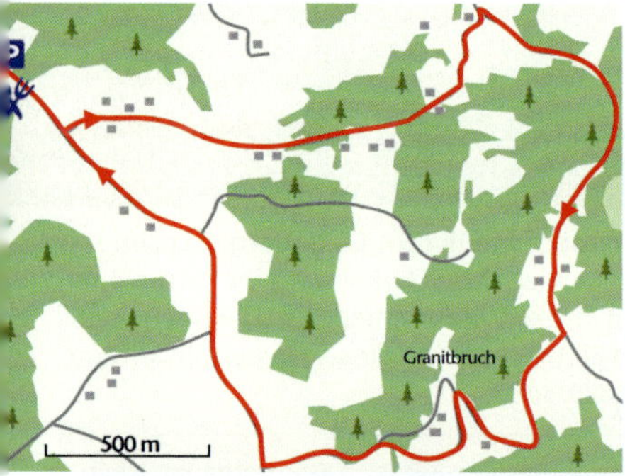

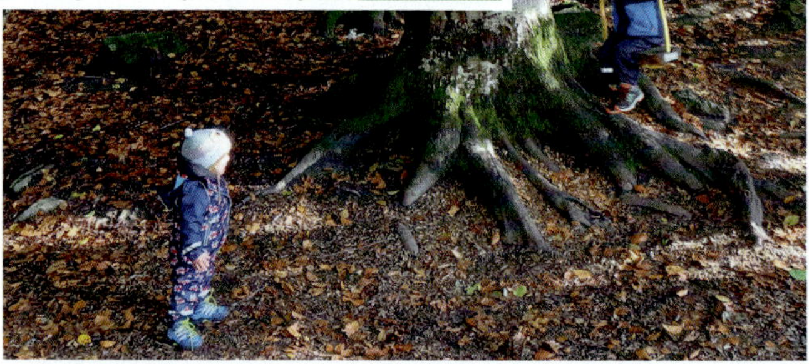

43 Tragetour Eidenberger Lusen

Wegscheid: Gipfelglück und Wasserspiele **

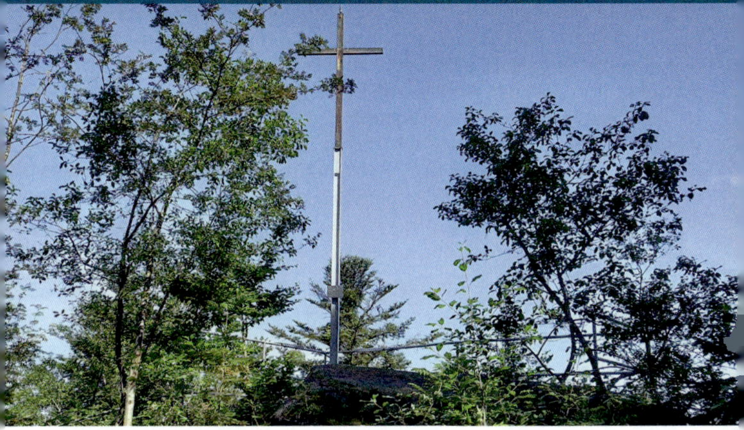

Lange mittelschwere Tragetour hinauf zum Eidenberger Lusen mit schönen Ausblicken und anschließender Abkühlung im Bärnlochtal. Unbedingt genügend zum Trinken mitnehmen, gerade bei heißem Wetter. Gleich zu Beginn im Bärnlochtal sind die schönsten Stellen zum Pritscheln und zum Füße-Abkühlen.

Wetter: Anforderung: Gesamtdauer: 1 ¾ h

Anforderung: Leicht; 170 Hm; abschnittsweise steil; breiter Forstweg, Wald- und Feldwege.

Dauer: RW: 1 ¾ h; 6 km.

Wetter: Bei trockenem, nicht zu heißem Wanderwetter.

Wanderwert für (Geschwister) Kinder:

2–3 Jahre: Osterbach mit Plätzen zum Pritscheln. Unsere Kinder rasten immer gern an der Kapelle unterhalb des Eidenberger Lusen.

4–6 Jahre:	Empfehlung nur bis zum Gipfel oder ins Bärnlochtal zu wandern.
Kinderfahrrad:	Nein.

Navi: 94110 Wegscheid, Monigottsöd 5.

Anfahrt: Von Freyung kommend St2132 nach Waldkirchen und dort auf St2131 nach Jandelsbrunn. Über Sonnen nach Wegscheid. Von Passau kommend St2319 über Untergrießbach nach Wegscheid. In Wegscheid auf der Raiffeisenstraße nach Hartmannsreut und Beschilderung nach Monigottsöd folgen.

Bus/Bahn: -

Ausgangspunkt/P: Wanderparkplatz Monigottsöd.

Infos/Gaststätten: *Keine Einkehrmöglichkeit. Am besten Brotzeit einpacken. Auf der gesamten Strecke sind immer wieder schöne Stellen für eine Rast.

Wegbeschreibung: Vom Parkplatz geht es auf dem breiten Schotterweg, vorbei an einem einzelnen Haus, in den Wald hinein. Eine moderate Steigung führt durch den Wald, bis hin zu einer Kapelle. Hinter der Kapelle führt ein Weg in wenigen Minuten hinauf zum Gipfel des Eidenberger Lusen. Zurück an der Kapelle dem Weg rechts weiter durch den Wald folgen, bis es bergab in die Ortschaft Eidenberg geht. Durch die Ortschaft und dann links dem Weg über Felder zum Wildwassertal Bärnloch folgen. Der Weg führt dann direkt am Osterbach zurück nach Monigottsöd und von dort auf der asphaltierten Straße zum Parkplatz. Der Rundweg ist mit der Markierung 1 gut ausgeschildert.

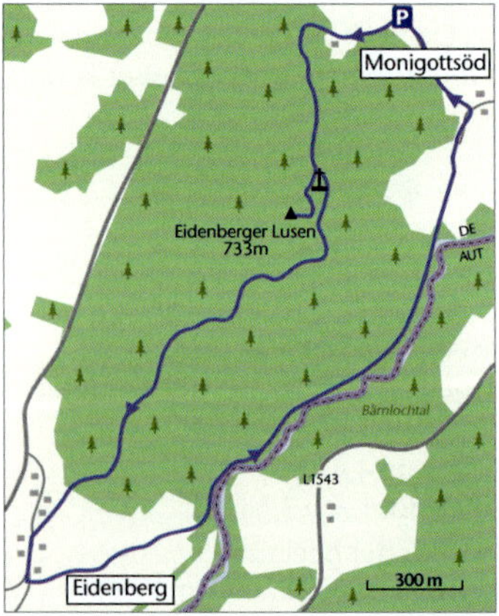

44 Jochenstein Erlebnisweg

Jochenstein: Stationen entlang der Donau **

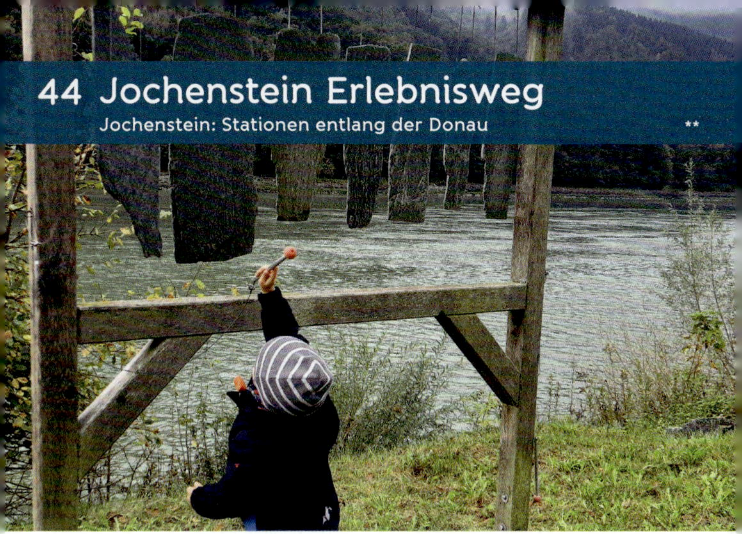

Kurzweiliger Spaziergang mit abwechslungsreichen Stationen und schönen Blicken auf die Donau. Das komplette Areal mit dem "Haus am Strom", samt Ausstellung und Spielplatz, und dem Kraftwerk Jochenstein gibt tolle Einblicke in das Element Wasser. Es gibt dabei für Groß und Klein viel zu entdecken und staunen. Unser Großer könnte stundenlang den Schiffen in der Schleuse zusehen.

Wetter: Anforderung: Gesamtdauer: ¾ – 1 ¼ h

Anforderung: Var. Trage: Mittel; 100 Hm; im Wald etliche Steigungen; überwiegend asphaltierte Straße und Wiesenweg. Im Wald verwurzelt und steinig.
Var. Kinderwagen: Leicht; keine Höhenmeter; asphaltierte Straße und Wiesenweg.

Dauer: Var. Trage: RW: 1 ¼ h; 4,4 km.
Var. Kinderwagen: RW: ¾ h 3,5 km.

Wetter: Für jedes Wanderwetter geeignet.
Schatten nur bei der Tragevariante im Wald.

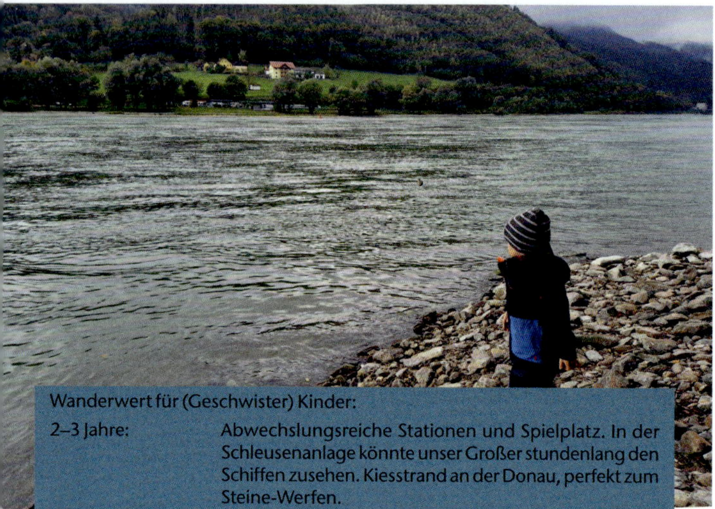

Wanderwert für (Geschwister) Kinder:

2–3 Jahre:	Abwechslungsreiche Stationen und Spielplatz. In der Schleusenanlage könnte unser Großer stundenlang den Schiffen zusehen. Kiesstrand an der Donau, perfekt zum Steine-Werfen.
4–6 Jahre:	Siehe 2–3 Jahre.
Kinderfahrrad:	Nein. Die Kinderwagenvariante ist mit Laufrad möglich, ca. 200 m sind jedoch Wiesenweg.

Navi: 94107 Untergriesbach, Am Kraftwerk 4.

Anfahrt: Von Regen/Grafenau kommend auf der B85 nach Passau und auf der B388 weiter nach Obernzell und Jochenstein. Von Freyung/Waldkirchen kommend St2132 und St2128 in Richtung Thyrnau. Auf der B388 noch Obernzell und weiter nach Jochenstein.

Bus/Bahn: -

Ausgangspunkt/P: Haus am Strom.

Infos/Gaststätten: *Bistro im Haus am Strom, Tel. 08591 4629962, www.hausamstrom.de, am 01.01., 01.11., 24.–26. + 31.12. geschlossen. *Haus am Strom, Tel. 08591 4629960, www.hausamstrom.de, am 01.01., 01.11., 24.–26. + 31.12. geschlossen. Richtpreis Erw. € 5, mit Führung € 7.

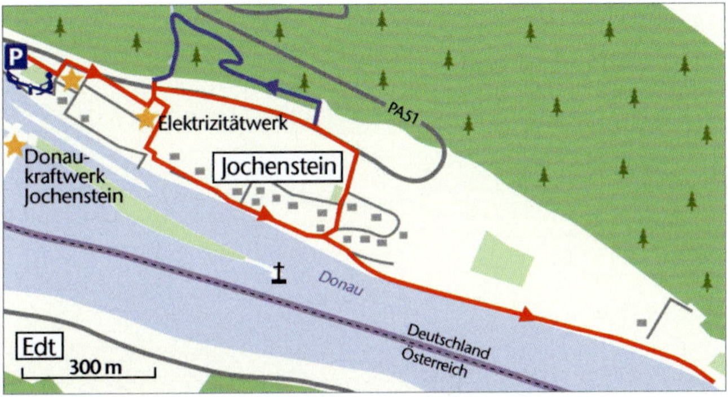

Wegbeschreibung: Der Erlebnisweg ist nicht explizit ausgeschildert, jedoch liegen im "Haus am Strom" Flyer aus. Des Weiteren befinden sich neben dem Haus Informationsschilder über den Erlebnisweg.

Variante Kinderwagen: Der Start befindet sich unmittelbar am Parkplatz und führt zunächst über das Gelände des "Hauses am Strom". Am Haus vorbei der Straße folgend bis zu einem Umspannwerk und rechts abbiegen. Am Ende der Straße links und am Ufer der Straße entlang bis zu den Kiesbänken. Gleicher Weg zurück bis zur asphaltierten Straße, dann rechts abbiegen bis zu einem Spielplatz. An der Hauptstraße links und entlang der Straße bis zum Ausgangspunkt.

Variante Trage: Der Start befindet sich unmittelbar am Parkplatz und führt zunächst über das Gelände des "Hauses am Strom". Am Haus vorbei der Straße folgend bis zu einem Umspannwerk und rechts abbiegen. Am Ende der Straße links und am Ufer der Straße entlang bis zu den Kiesbänken. Gleicher Weg zurück bis zur asphaltierten Straße, dann rechts abbiegen – hier kommt man zu einem Spielplatz. An der Hauptstraße links und nach wenigen Metern rechts in den Wald hinein. Achtung, dieser Weg ist nicht ausgeschildert, am besten den Flyer zur Hand nehmen. Gegenüber dem Umspannwerk gelangt man wieder auf die asphaltierte Straße und zurück zum Parkplatz.

45 Tragetour: Halser Ilzschleifen

Passau/Hals: idyllische Wanderung ***

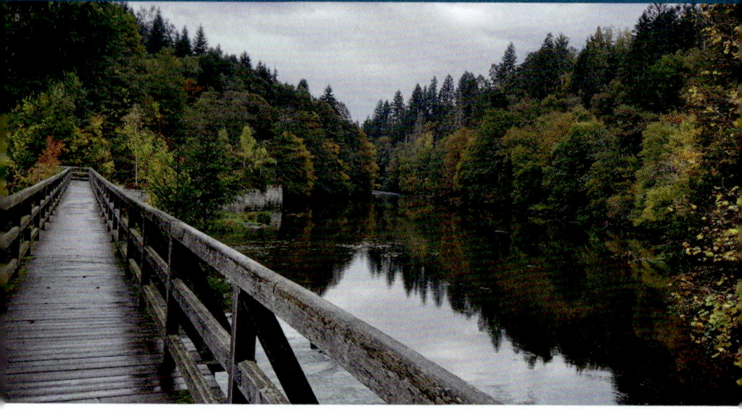

Auf schmalen Pfaden führt diese Tragetour rund um das Naturschutzgebiet Halser Ilzschleifen. Die Ilz, auch schwarze Perle genannt, beeindruckt mit ihrer Ursprünglichkeit und Ruhe. Ein besonderes Wandererlebnis unweit von Passau, aber fernab von Stress und Lärm. Der dunkle Trifttunnel ist für unsere Kinder jedesmal ein besonderes Erlebnis.

Wetter: Anforderung: Gesamtdauer: 1 ¼ h

Anforderung:	Leicht–mittel; 40 Hm; eine steilere Rampe; Wald- und Feldwege.
Dauer:	RW: 1 ¼ h; 4,2 km.
Wetter:	Bei jedem Wanderwetter empfehlenswert.

Wanderwert für (Geschwister) Kinder:

2–3 Jahre:	Spielplatz, Bademöglichkeiten, Trifttunnel.
4–6 Jahre:	Siehe 2–3 Jahre.
Kinderfahrrad:	Nein.

Navi: 94034 Passau, Perlfischerweg.

Anfahrt: Von Passau auf der B85 kommend oder von Jochenstein auf der B388 kommend, in Passau auf die B12 Richtung Freyung/Waldkirchen. Im Ortsteil Hals über die Ilzleite und den Perlfischerweg zur Buswendeplattform Hochstein.

Bus/Bahn: Hst. Hochstein / Passau.

Ausgangspunkt/P: Buswendeplattform Hochstein.

Infos/Gaststätten: *Im Sommer befindet sich am Badebereich ein Kiosk. *Ghf. Zur Triftsperre, Tel. 0851 51162, www.zur-triftsperre.de.

Wegbeschreibung: Unmittelbar nach der Buswendeplattform führt ein schmaler Pfad zu einer Brücke und somit auf die andere Uferseite. Von dort schlängelt sich der Uferweg durch den Wald zum Trifttunnel. Der 115,5 m lange Tunnel führt zur Triftsperre, ein Überbleibsel der einst wirtschaftlich bedeutsamen Holztrift. Die Brücke wird nicht überquert und so geht es direkt am Ufer entlang, bis der Weg zwischen Teichen auf der einen und der Ilz auf der anderen Seite zum Badeabschnitt des Flusses führt. Auf der bisherigen Flussseite schlängelt sich der Weg an ein paar Häusern vorbei zurück in den Wald. Dabei wird der Uferbereich kurzfristig verlassen. Kurz vor dem Trifttunnel führt der Weg zurück zum Wasser. Vom Tunnel geht es den selben Weg zurück zum Ausgangspunkt.

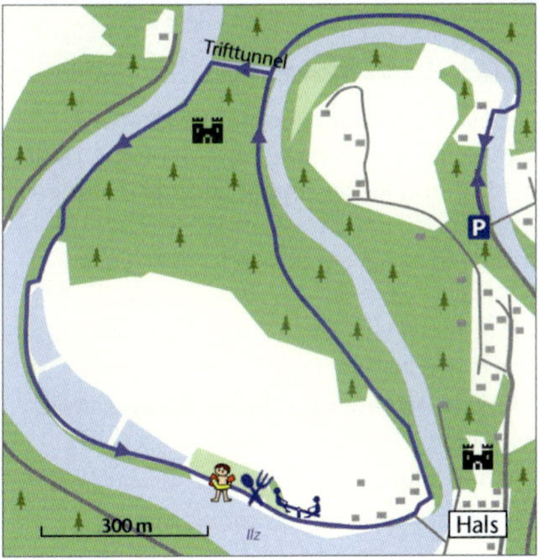

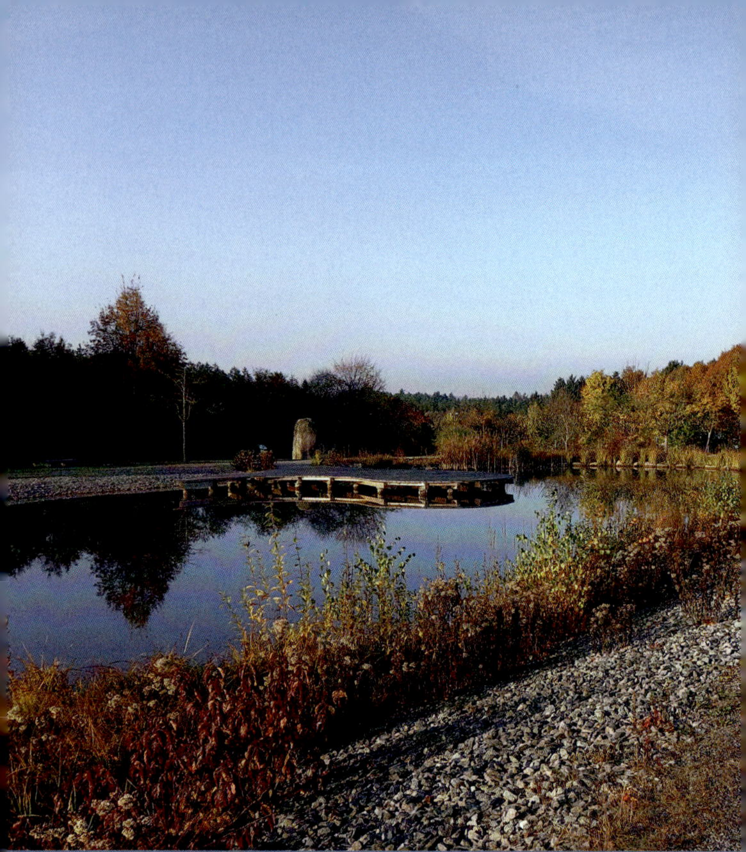

V. Landkreis Deggendorf

– Deggendorfer Land
– Lallinger Winkel

Weitere wunderbare Wege findest du auf YouTube unter: **wandaverlag**

46 Tragetour "GEHsundheitsweg"

Deggendorf: für alle Sinne **

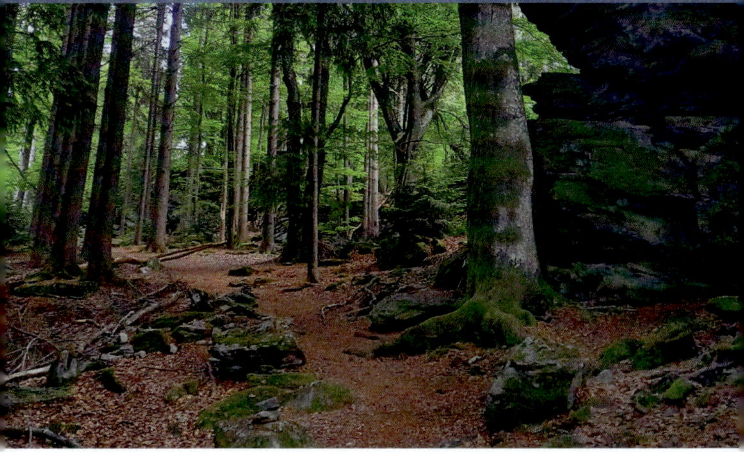

Neben dem Wandern steht bei dem Rundweg „GEHsundheitsweg“ die körperliche und seelische Gesundheit im Vordergrund. An Stationsschildern wird zum Nachdenken oder Mitmachen angeregt. Beim Erfühlen des Waldbodens oder beim Baumxylophon haben bereits die Kleinsten ihren Spaß. Der gut gekennzeichnete Rundweg schlängelt sich durch den Wald und auf beiden Gipfeln – Geßingerstein und Königstein – kann man mit Blicken auf das Deggendorfer Land und die Donauebene verweilen.

Wetter: Anforderung: Gesamtdauer: ¾ h

Anforderung:	Leicht–mittel; 80 Hm; moderate Steigungen; breite und schmale Schotterwege, teils verwurzelte Waldwege.
Dauer:	RW: ¾ h; 3 km.
Wetter:	Bei jedem Wanderwetter geeignet.

Wanderwert für (Geschwister) Kinder:	
2–3 Jahre:	Verschiedene Stationen zum Mitmachen. Vor allem das Baumxylophon und barfuß über den Waldboden zu laufen begeistert unsere beiden jedes Mal aufs Neue.
4–6 Jahre:	Eignet sich super für die ersten Wanderungen. Die Stationen und zwei Berggipfel machen die Tour recht kurzweilig.
Kinderfahrrad:	Nein.

Navi: 94469 Deggendorf, Ruselhochstraße 17a.

Anfahrt: Von Deggendorf kommend auf der St2135 Richtung Regen. Von Regen kommend auf der Rusel Straße (St2135) nach Deggendorf. Am Ruselabsatz befindet sich auf beiden Seiten ein Parkplatz. Startpunkt ist der Parkplatz auf der rechten Seite in Fahrtrichtung Regen.

Bus/Bahn: -

Ausgangspunkt/P: Parkplatz Ruselabsatz/Oberbreitenau.

Infos/Gaststätten: *Keine Einkehrmöglichkeit. Auf den Gipfeln lässt sich gut rasten. Proviant einpacken. *Bergcafé Flo(h), 1,5 km vom Parkplatz entfernt Richtung Regen, geöff. Sa,So, 12–18 h.

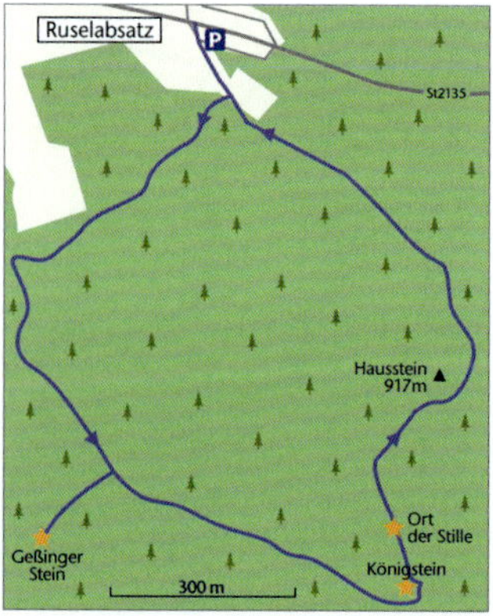

Wegbeschreibung: Vom Parkplatz verläuft eine breite Schotterstraße in den Wald hinein, ehe ein Waldweg rechts abzweigt und sich durch den Mischwald schlängelt.

Am Wegesrand befinden sich in unregelmäßigen Abständen Stationen, die zum Lesen, Mitmachen oder Verweilen einladen. Nach etwa zehn Minuten findet sich ein Baum-Xylophon und gegenüber führt ein kurzer Stichweg zum Gipfel des Geßingersteins.

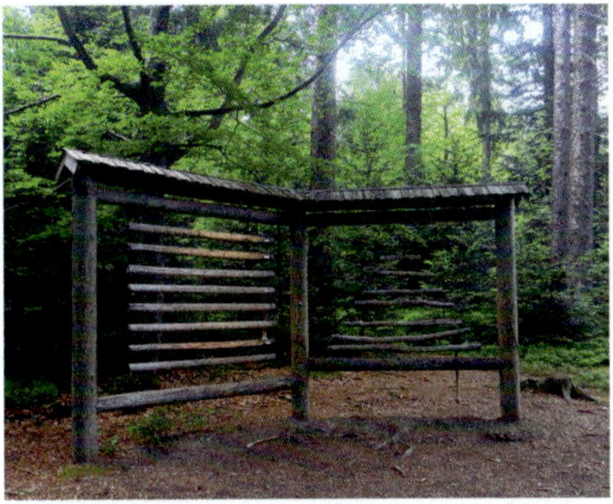

Zurück am Hauptwanderweg geht es auf dem breiten Schotterweg weiter, bis es nach weiteren zehn Minuten links hinauf zum Königstein geht. Von dort durch den Wald, an etlichen Felsformationen zurück zu einer breiten Schotterstraße, die beim Parkplatz endet.

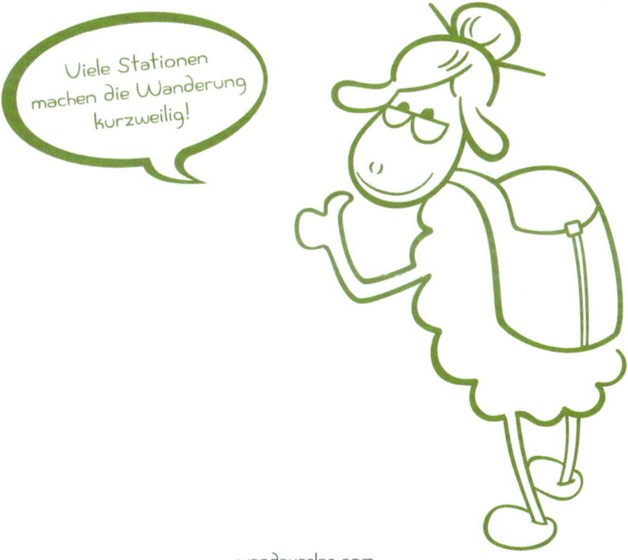

47 Naturerlebnispfad Lalling

Lalling: der Natur auf der Spur

**

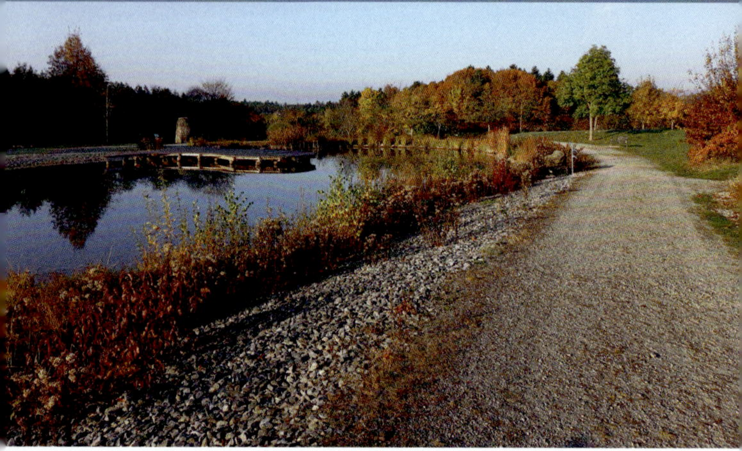

Angenehme Runde mit dem Kinderwagen durch Wälder, Wiesen und die Ortschaft Lalling. Einzig eine steile Rampe auf einem Wiesenweg ist etwas anstrengend zu gehen. Auf etlichen Informationstafeln lernt man die heimischen Bäume kennen. Zum Schluss empfiehlt sich noch ein Abstecher in den Feng-Shui-Kurpark am Ausgangspunkt. Mit verschiedenen Themengärten, Naturspielplatz und einem See ein schöner Ort zum Entspannen.

Wetter: Anforderung: Gesamtdauer: 1 h

Anforderung:	Leicht – mittel; 90 Hm; 90 % sind leicht und einfach zu gehen (asphaltiert od. Schotterwege), jedoch für ca. 50 m mittelschwierig aufgrund einer steilen Rampe auf einem Wiesenweg.
Dauer:	RW: 1 h; 4,5 km.
Wetter:	Bei trockenem Wanderwetter geeignet.

Wanderwert für (Geschwister) Kinder:	
2–3 Jahre:	Naturspielplatz im Kurpark. Der Spaziergang ist eher monoton und es gibt nicht allzuviel zu entdecken.
4–6 Jahre:	Siehe 2–3 Jahre.
Kinderfahrrad:	Nein.

Navi: 94551 Lalling, Am Kurpark 1.

Anfahrt: Von Regen kommend über die St2135 in Richtung Bischofsmais/Deggendorf. Auf Höhe Bischofsmais links abbiegen nach Zell und weiter Richtung Lalling. Von Grafenau kommend auf der B533 in Richtung Hengersberg nach Rohrstetten. Von dort auf der St2133 nach Lalling. Von Deggendorf kommend auf der St2133 über Schaufling nach Lalling.

Bus/Bahn: -

Ausgangspunkt/P: Feng-Shui-Kurpark Lalling.

Infos/Gaststätten: *Al laghetto, Cafe & Bistro am Feng Shui Kurpark, 09904374, Mo–So 11–21 Uhr, Nov. bis März Betriebsurlaub.

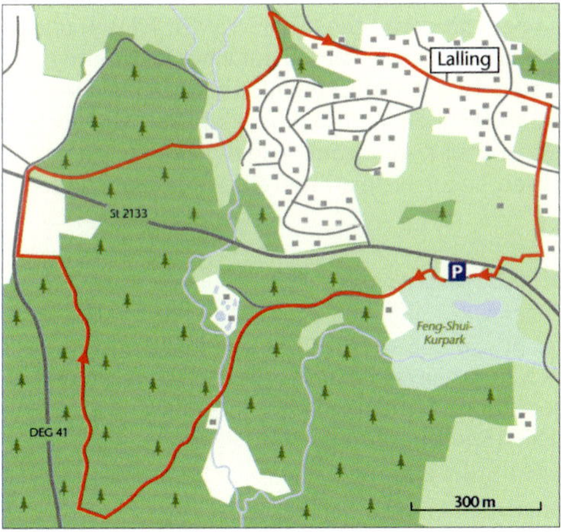

Wegbeschreibung: Der Rundweg ist mit "Naturerlebnispfad" und der Nummer 1 durchgehend ausgeschildert.

Vom Feng-Shui-Park verläuft eine asphaltierte Straße oberhalb der Tennisanlage in den Wald hinein. Nach knappen zehn Minuten bei der Kläranlage links abbiegen. Nach einem

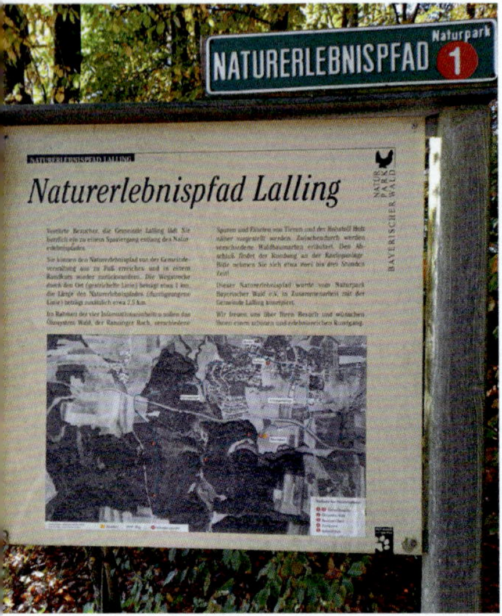

kurzen Abstieg geht es kurz ansteigend bis zum Waldrand. Rechts dem Weg folgen, bis eine Wiese erreicht wird. Der Weg verläuft nun für wenige hundert Meter an einer Straße entlang. Anschließend muss eine Hauptstraße überquert und dann gleich wieder rechts in den Wald abgebogen werden. Der Weg mündet dann wieder auf einer asphaltierten Straße. Dort rechts dem Bürgersteig bis zu einem Wiesenweg folgen, der rechts steil in eine Wohnsiedlung führt. Auf diesem kurzen Stück muss ggf. der Kinderwagen kurz getragen werden. Oben angekommen geht es rechts auf der Hauptstraße durch den Ort und zurück zum Feng-Shui-Park.

48 Winzerer Letten

Winzer: entlang des Donaualtwassers

*

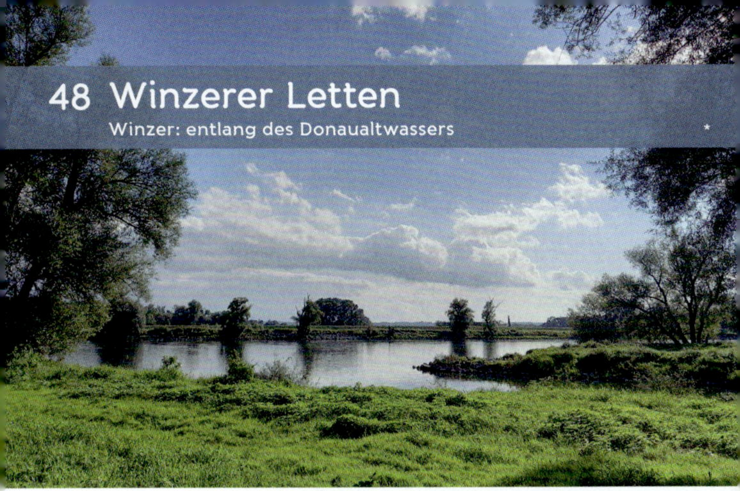

Spaziergang rund um das Naturschutzgebiet Donaualtwasser Winzerer Letten mit Blick auf die Donau, die Auwiesen und mit Glück auf seltene Vogelarten. Durch den Ort Winzer und auf einer Insel zwischen Donau und dem Naturschutzgebiet kann man auch die Deggendorfer Hausberge betrachten. Für Kinder sind sicherlich die Dammkronen besonderer Anziehungspunkt. Außerdem bietet sich ein Abstecher zur frei zugänglichen Burgruine Winzer mit herrlichem Aussichtspunkt an.

Wetter: Anforderung: Gesamtdauer: 1 h

Anforderung:	Leicht; keine Höhenmeter; eben; breiter Schotterweg und asphaltierte Straße.
Dauer:	RW: 1 h; 5,6 km.
Wetter:	Bei trockenem Wanderwetter geeignet.

Wanderwert für (Geschwister) Kinder:

2–3 Jahre:	Der Rundweg ist eher monoton. Ab und an sind Vögel zu beobachten. Angenehme Runde für einen Spaziergang.
4–6 Jahre:	Siehe 2–3 Jahre.

Kinderfahrrad:	Perfekt geeignet sowohl mit Laufrad als auch Fahrrad.

Navi: 94577 Winzer, Passauer Straße.

Anfahrt: Von Grafenau kommend über die B533 über Schönberg und Innernzell nach Hengersberg. Weiter auf der St2125 in Richtung Osterhofen. In Winzer der Hauptstraße (Passauer Straße) folgen. Dort befinden sich mehrere Parkmöglichkeiten. Von Regen kommend über die St2135 nach Bischofsmais und weiter nach Schaufling. Über Hengersberg weiter nach Winzer. Von Regensburg/Deggendorf auf der BAB3 kommend die Ausfahrt 111 Hengersberg nehmen und auf der St2125 in Richtung Osterhofen nach Winzer.

Bus/Bahn: -

Ausgangspunkt/P: Parkplätze an der Passauer Straße.

Infos/Gaststätten: *Keine Einkehrmöglichkeiten.

Wegbeschreibung: Entlang der Passauer Straße stehen mehrere Parkmöglichkeiten – auch kostenlose – zur Verfügung.
Mit der Burgruine „Winzer" im Rücken geht es zunächst der Hauptstraße entlang durch den Ort bis zum Straßenschild „Vorstadt". Durch eine Wohnsiedlung hindurch geht es dann rechts über eine Brücke zum Naturschutzgebiet. Entweder man spaziert auf dem Weg oder auf der Dammkrone mit schönem Ausblick. Mit dem Kinderwagen müssen wir am unteren Weg bleiben. Bei der Donau-Wald-Brücke angekommen führt der Weg rechts zurück nach Winzer. Bei einer Informationstafel und einem Pumphaus vorbei führt der Weg auf der anderen Seite der Winzerer Letten zurück zur Hauptstraße und zum Parkplatz.

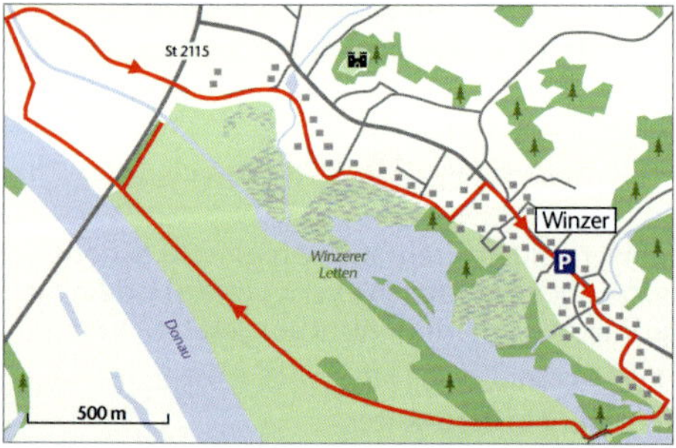

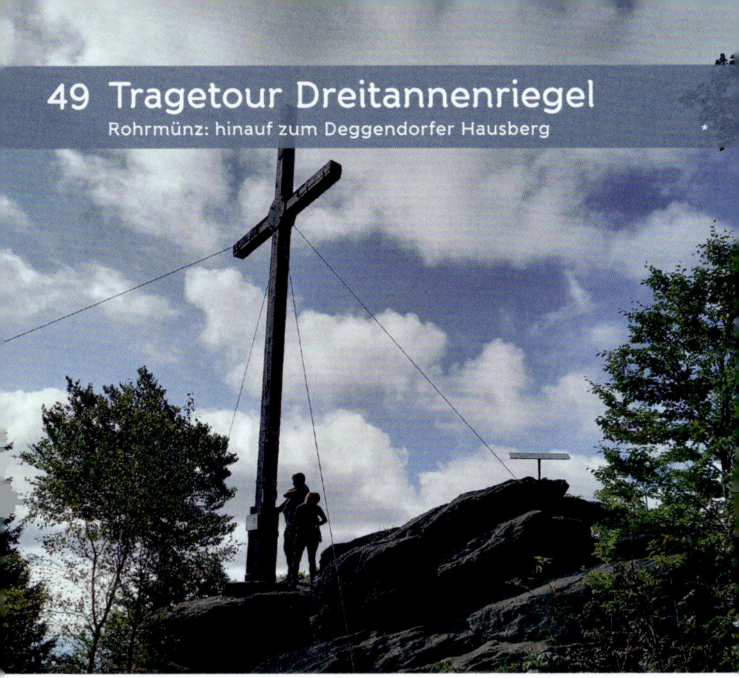

49 Tragetour Dreitannenriegel

Rohrmünz: hinauf zum Deggendorfer Hausberg

Als Hausberg von Deggendorf sollte der Dreitannenriegel auf jeden Fall erwandert werden. Aufgrund der steilen Abschnitte ist diese Tragetour aber anstrengend. Für Eltern, die sich einmal auspowern möchten, eine schöne Bergtour. Vom Gipfel gibt es schöne Blicke auf das Deggendorfer Land und den Gäuboden.

Wetter: Anforderung: Gesamtdauer: 2 h

Anforderung: Schwer; 400 Hm; sehr steile Abschnitte; Schotterwege und überwiegend verwurzelte und steinige Waldwege, jedoch nicht ausgesetzt.

Dauer: Eine Strecke: 1 h; 2,5 km.

Wetter: Bei schönem Bergwetter.

Wanderwert für (Geschwister) Kinder:	
2–3 Jahre:	Nur für sehr wanderfreudige und ausdauernde Kinder geeignet, unbedingt Trage mitnehmen.
4–6 Jahre:	Siehe 2–3 Jahre.
Kinderfahrrad:	Nein.

Navi: 94539 Grafling, Rohrmünz 31.

Anfahrt: Von Regen kommend auf der St2135 über Bischofsmais in Richtung Deggendorf. Nach der Rusel rechts den Beschilderungen nach Greising folgen. Über Rohrmünzmühle nach Rohrmünz. Von Deggendorf kommend über die Ulrichsberger Straße und Einkind nach Rohrmünz.

Bus/Bahn: -

Ausgangspunkt/P: Wanderparkplatz Rohrmünz.

Infos/Gaststätten: *Keine Einkehrmöglichkeiten. Am besten Brotzeit einpacken und auf alle Fälle genügend zum Trinken.

Wegbeschreibung: Oberhalb des Parkplatzes befinden sich Wandertafeln und von dort geht es auf dem links verlaufenden Weg, immer dem Schild mit der Nr. 3 folgend bis zum Ziel. Es geht stetig ansteigend durch den Wald. Kurz vor dem Gipfel gibt es zwei Möglichkeiten, die letzten Meter zurückzulegen. Rechts ist es etwas steiler und felsiger. Im Gipfelbereich befindet sich eine Sitzmöglichkeit und ein Unterstand. Gleicher Rück- wie Hinweg.

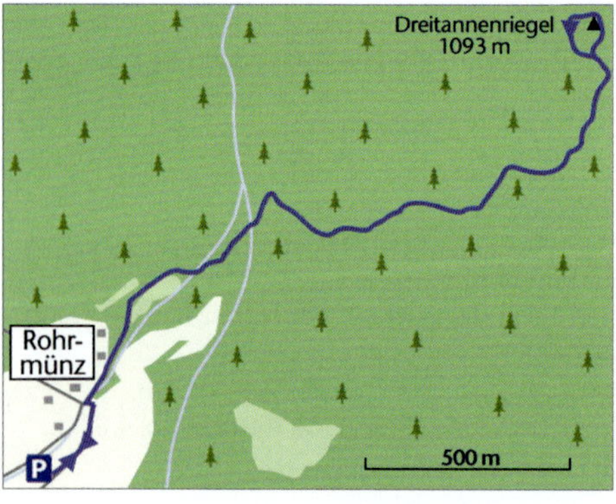

50 Regensburger Stein & Klosterstein

Kalteck: aussichtsreich **

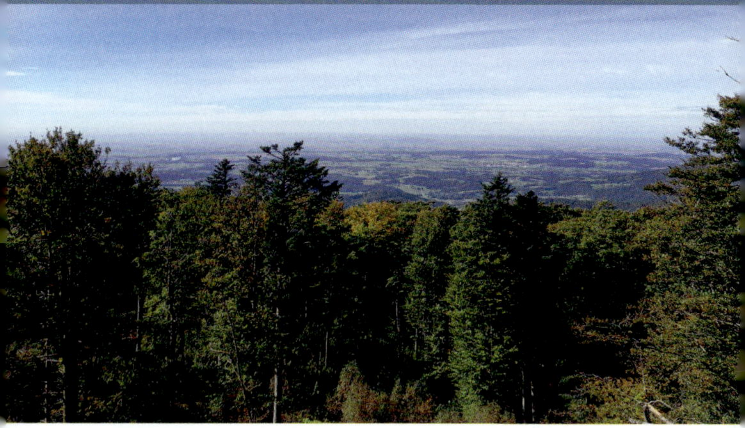

Schöne und wenig frequentierte Wanderung zum Aussichtspunkt Regensburger Stein, mit Weitblicken bis hin zu den Alpen, und dem Klosterstein mit Blick auf das Arbergebiet. Aufgrund der zahlreichen Schotterwege kann diese Tour auch mit Kinderwagen gemeistert werden. Ausdauer und Kraft sollte dabei auf jeden Fall vorhanden sein. Aber eine kurze Wanderung nur hinauf zum Regensburger Stein ist auch schon für die Kleinsten möglich.

Wetter: Anforderung: Gesamtdauer: 1 ½ - 2 h

Anforderung: Var.1 (Trage): Mittel; 250 Hm; stetig ansteigend; feine Schotter- und Waldwege.
Var.2 (Kinderwagen): Schwer; 250 Hm; stetig ansteigend; feine Schotterwege.

Dauer: Var.1 (Trage): Eine Strecke: ¾ h; 2,8 km.
Var.2 (Kinderwagen): Eine Strecke: 1 h; 4,8 km.

Wetter: Bei trockenem Wanderwetter.

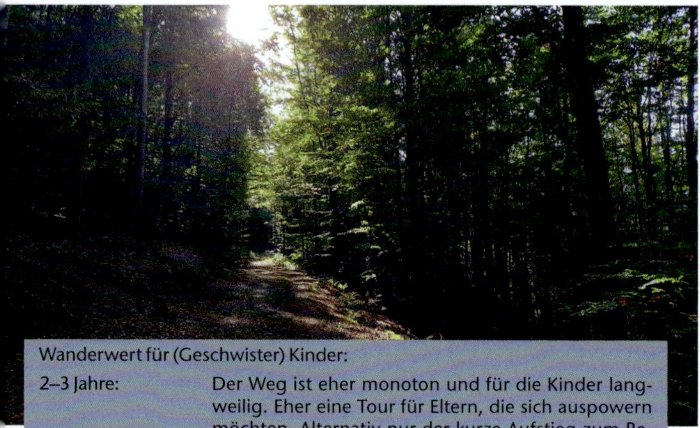

Wanderwert für (Geschwister) Kinder:

2–3 Jahre:	Der Weg ist eher monoton und für die Kinder langweilig. Eher eine Tour für Eltern, die sich auspowern möchten. Alternativ nur der kurze Aufstieg zum Regensburger Stein. Im Gipfelbereich können die Kinder ein bisschen kraxeln.
4–6 Jahre:	Siehe 2–3 Jahre.
Kinderfahrrad:	Nein.

Navi: 94250 Achslach, Grün.

Anfahrt: Von Regen/Viechtach kommend auf der B85 beim Kreisverkehr bei Patersdorf auf die B11 in Richtung Deggendorf. In Ruhmannsfelden der Ausschilderung nach Achslach und weiter nach Grün/Kalteck folgen. In Grün befindet sich dann auf der linken Seite im Wald der Wanderparkplatz. Nicht verwechseln mit dem Parkplatz am ehemaligen Berghotel, der sich wenig später auf der linken Seite befindet. Von Deggendorf kommend über die Egger Straße, Schloss Egg und Leithen nach Grün. Wenige hundert Meter nach dem Parkplatz am ehemaligen Berghotel rechts abbiegen. Im Wald befindet sich der Wanderparkplatz.

Bus/Bahn: -

Ausgangspunkt/P: Wanderparkplatz Kalteck.

Infos/Gaststätten: *Keine Einkehrmöglichkeit, bitte ausreichend Brotzeit und zu trinken mitnehmen.

Wegbeschreibung: Var.1 (Trage): Vom Wanderparkplatz führt eine breite Schotterstraße aufsteigend in den Wald hinein. Nach ca. zehn Minuten links auf einen Waldweg. Nach der Überquerung einer Schotterstraße befindet sich nach weiteren zehn Minuten auf der rechten Seite das 1. Etappenziel, der schöne Aussichtspunkt Regensburger Stein. Der Waldweg mündet kurz hinter dem Aussichtspunkt auf einer Schotterstraße. Hier geht es rechts weiter, bis nach fünf Minuten ein Stichweg links in den Wald hinein führt. Nach einem kurzen Anstieg erreicht man das 2. Etappenziel, den Klosterstein. Gleicher Rück- wie Hinweg.

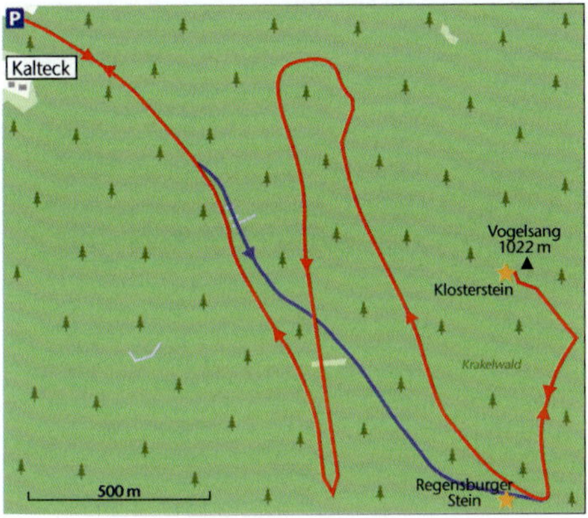

Var.2 (Kinderwagen): Vom Wanderparkplatz führt eine breite Schotterstraße in den Wald hinein, die nach 20 Minuten eine Kehrtwende macht. Nach weiteren 15 Minuten und einer großen Biegung bei der Kreuzung rechts gehen. Dieser Schotterweg führt zum Regensburger Stein, einem schönen Aussichtspunkt. Der ca. 100 m lange Zustieg zum Regensburger Stein ist nicht mit dem Kinderwagen befahrbar. Wer trotzdem hinauf mag, am besten den Kinderwagen „parken“ und euren Sprößling hinauftragen. Vom Regensburger Stein geht es dann für fünf Minuten auf der Schotterstraße rechts weiter zum Klosterstein. Der Zustieg befindet sich links im Wald, ist 300m lang und verwurzelt/steinig. Bitte selbst abwägen, ob ihr den Kinderwagen nochmals „parken“ möchtet und zum Aussicht-Genießen hinaufsteigen möchtet. Rück- wie Hinweg.

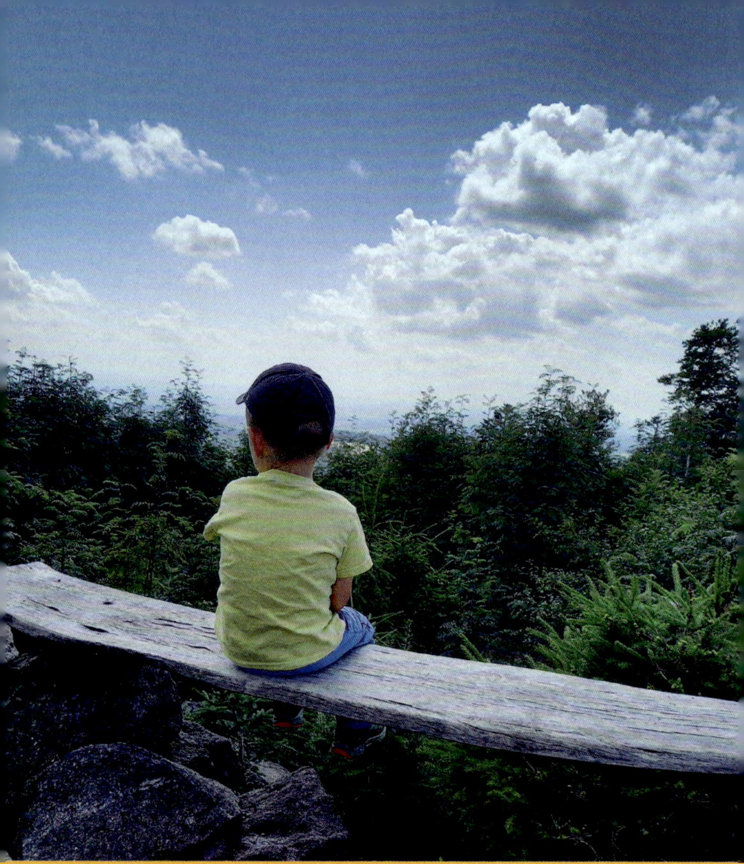

VI. Landkreis Straubing-Bogen

– Urlaubsland Straubing-Bogen mit St. Englmar

Weitere Tipps auf Facebook: **wandaverlag**

51 Tragetour Käsplatte (978 m)

Hinterwies: Ein Meer aus Steinen

***

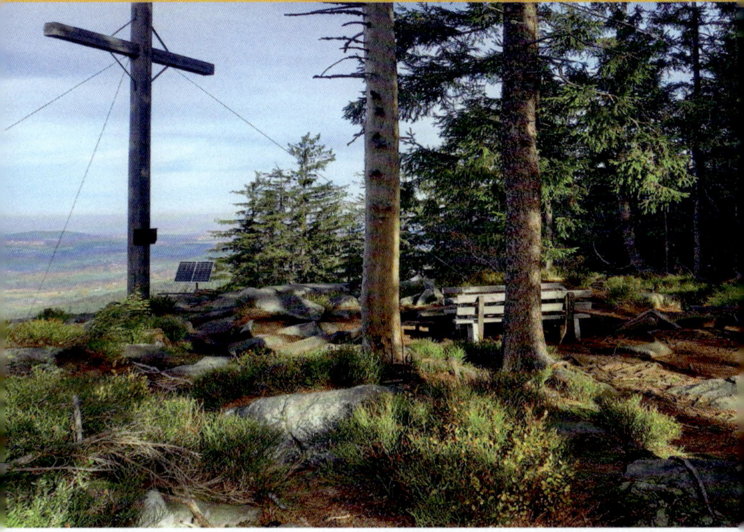

Die kurze Distanz und die wenigen Höhenmeter machen diese Tour zur idealen Familienwanderung für Groß und Klein. Breite Schotter- und Waldwege führen fast mühelos auf die Käsplatte. Oben angelangt lädt das Blockmeer aus Granitsteinen zum Kraxeln und Verweilen ein. Unsere Kinder lieben die Käsplatte auch aufgrund des Gipfelgefühls.

Wetter: ◐ Anforderung: Gesamtdauer: 1 h

Anforderung:	Leicht–mittel; 70 Hm; kurze Steigung im Wald; breite Schotter- und Waldwege.
Dauer:	Eine Strecke: ½ h; 1,8 km.
Wetter:	Trockenes Wanderwetter. Bei Regen sind die Felsen rutschig.

Wanderwert für (Geschwister) Kinder:	
2–3 Jahre:	Felsen im Gipfelbereich zum Kraxeln. Es besteht keine Absturzgefahr, daher bereits für die Kleinsten gut machbar, Gipfelglück inklusive.
4–6 Jahre:	Siehe 2–3 Jahre.
Kinderfahrrad:	Nein.

Navi: 94379 St.Englmar, Hinterwies 3.

Anfahrt: Von Regen/Cham auf der B85 kommend in Viechtach auf die St2139 nach St. Englmar. Von dort weiter nach Grün (Rodel-/Freizeitparadies). Von Regensburg/ Passau auf der BAB3 kommend Ausfahrt 107 Bogen, dann auf der St2139 in Richtung St. Englmar/Viechtach nach Grün (Rodel-/Freizeitparadies). In Grün rechts abbiegen in Richtung Maibrunn und gleich wieder rechts. Nach weiteren 900 m wieder rechts abbiegen nach Hinterwies.

Bus/Bahn: -

Ausgangspunkt/P: Parkplatz Hinterwies.

Infos/Gaststätten: *Berggasthof Hinterwies am Ausgangspunkt, Tel. 09965 408, www.berggasthof-hinterwies.de, Ruhetag: Mo.

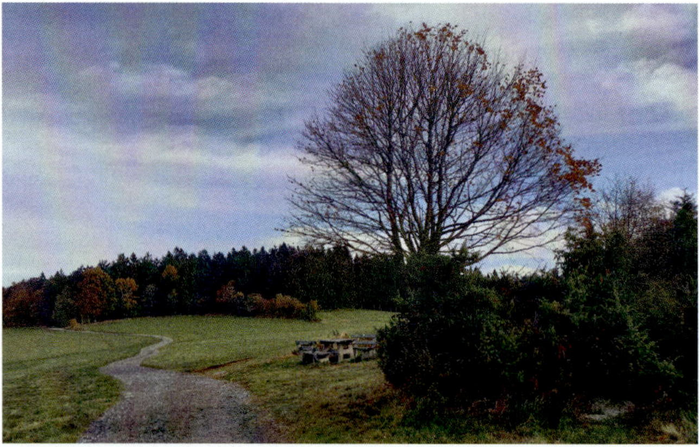

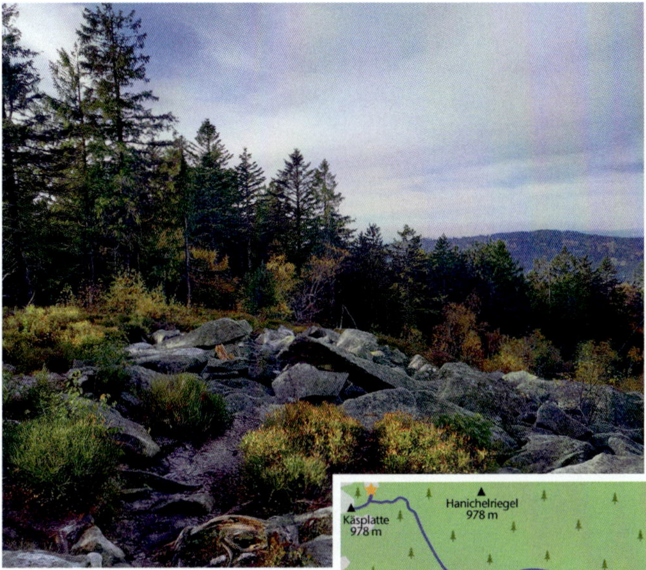

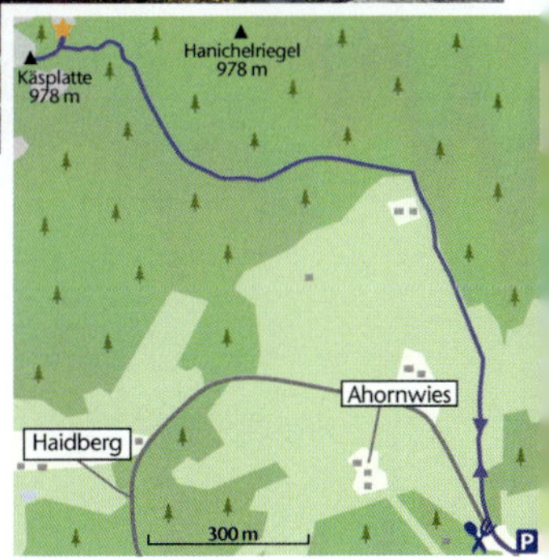

Wegbeschreibung: Vorab: Die Tour auf die Käsplatte ist bis zum Ziel gut ausgeschildert mit „Goldsteig" und Nr. 16. Vom Parkplatz zunächst in Richtung der Anfahrtsstraße und über den Schotterplatz weiter zum Waldrand. Eine breite Schotterstraße führt an einer Hofstelle vorbei in den Wald hinein. Dem relativ ebenen Wanderweg weiter durch den Wald folgen. Nach einer Rechtskurve sind es nur noch wenige Minuten, bis der Gipfelbereich erreicht wird. Gleicher Rück- wie Hinweg.

52 Tragetour Pröller (1.049 m)

St. Englmar: aussichtsreich ***

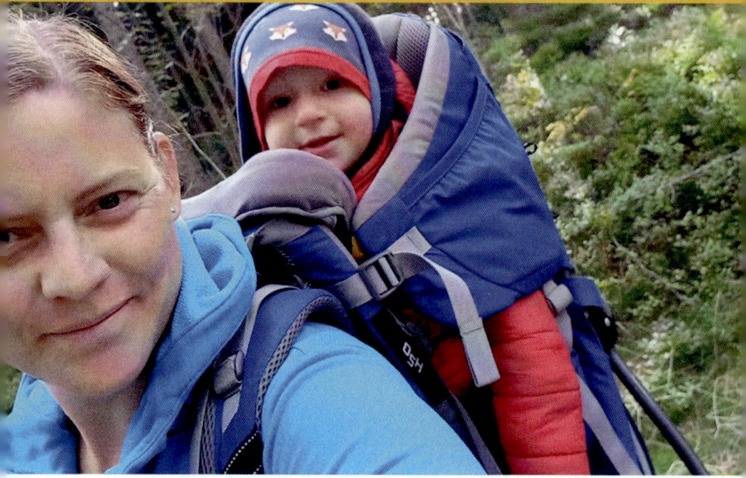

Einfache und kurze Bergwanderung auf einen schönen Aussichtsberg. Vom Pröllergipfel hat man einen einmaligen Blick auf den Großen Arber und den dazugehörigen Höhenzug. Im Sommer säumen Heidelbeer- und Brombeersträucher den Weg und versüßen den Aufstieg. Der Gipfelbereich ist mit den Felsen und einer Sitzgelegenheit perfekt zum Picknicken. Im Winter kann man hier skifahren und rodeln, der Wanderweg ist zu dieser Jahreszeit jedoch nicht geeignet.

Wetter: Anforderung: Gesamtdauer: 1,5 h

Anforderung:	Mittel; 150 Hm; längere moderate Steigung; überwiegend breiter Schotterweg, im Gipfelbereich verwurzelt und steinig.
Dauer:	Eine Strecke: ¾ h; 2,2 km.
Wetter:	Schönes Bergwetter.

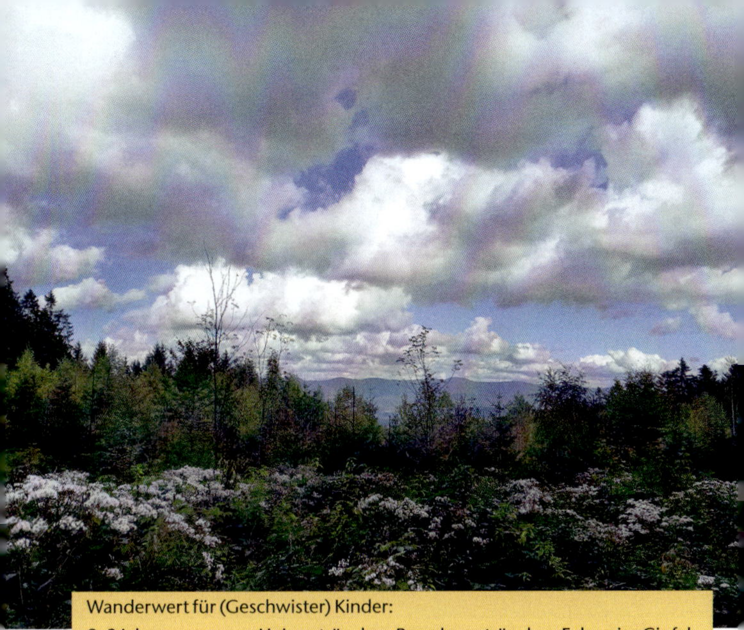

Wanderwert für (Geschwister) Kinder:	
2–3 Jahre:	Hoiwasträucher, Brombeersträucher. Felsen im Gipfelbereich, ohne Absturzgefahr.
4–6 Jahre:	Für erste Bergwanderungen empfehlenswert.
Kinderfahrrad:	Nein.

Navi: 94379 St. Englmar, Viechtacher Straße.

Anfahrt: Von Cham oder Regen auf der B85 kommend in Viechtach auf der St2139 nach St. Englmar. Am Ortseingang befindet sich gegenüber dem Predigtstuhl Resort rechts der Wanderparkplatz. Von Regensburg oder Passau auf der BAB3 kommend Ausfahrt 107 Bogen. Auf der St2139 in Richtung St. Englmar/Viechtach. Gegenüber dem Predigtstuhl Ressort links der Wanderparkplatz.

Bus/Bahn: -

Ausgangspunkt/P: Parkplatz Pröller.

Infos/Gaststätten: *Ghf. Hochpröller, 350 m vom Gipfel entfernt, Tel. 09965 471, www.hochproeller.com. *Berggasthof Hinterwies, 800 m vom Gipfel entfernt, Tel. 09965 408, www.berggasthof-hinterwies.de, Ruhetag: Mo.

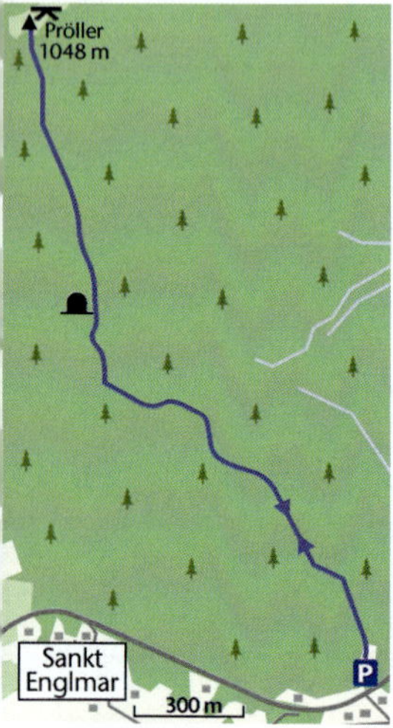

Wegbeschreibung: Vom Wanderparkplatz Pröller führt eine breite Schotterstraße am Waldrand entlang. Bei der Gabelung links dem Weg weiter folgen und nach 20 Minuten links abbiegen. Der Weg auf den Pröller ist durchgängig gut ausgeschildert, so dass man sich gut orientieren kann. Nach weiteren 15 Minuten säumen große Felsen den Weg. Die letzten 200 Meter verlaufen auf einem verwurzelten Waldweg, ehe dieser auf einer Freifläche zum Gipfelbereich führt. Gleicher Rück- wie Hinweg.

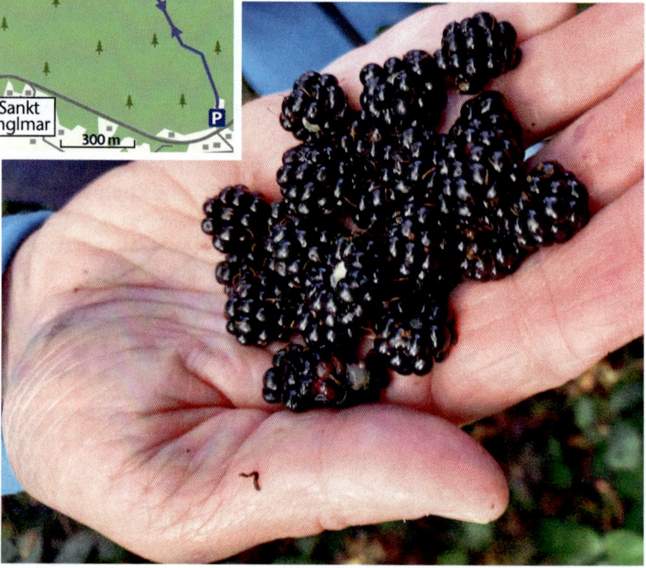

53 Tragetour Wildes Waldgebirge

St. Englmar: Naturlehrpfad und Gipfelglück **

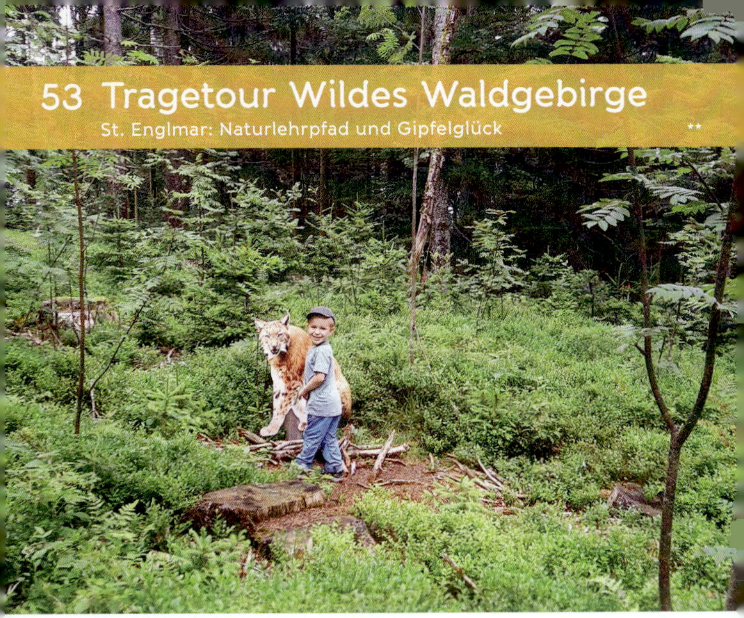

Abwechslungsreicher Naturlehrpfad, auf dem man nebenbei die drei Gipfel Predigtstuhl (1.024 m), Hochberg (1.025 m) und Knogl (1.056 m) erwandert. Viele Informationstafeln und Stationen laden zum Mitmachen ein und machen die Wanderung für Groß und Klein kurzweilig. Eine Brotzeit an einem der Gipfel rundet die Wanderung ab und die vielen Hoiwasträucher sorgen nebenbei für die Nachspeise.

Wetter: Anforderung: Gesamtdauer: 1 ¼ h

Anforderung:	Leicht; 160 Hm; abschnittsweise steil; überwiegend breite Wege, aber auch verwurzelte und steinige Abschnitte.
Dauer:	RW: 1 ¼ h; 5,8 km.
Wetter:	Schönes Bergwetter. Winter: skifahren oder rodeln, Weg nicht begehbar.

Wanderwert für (Geschwister) Kinder:	
2–3 Jahre:	Naturlehrpfad mit Infotafeln und Mitmachstationen, Hoiwasträucher.
4–6 Jahre:	Für gehfreudige und konditionsstarke Kinder.
Kinderfahrrad:	Nein.

Navi: 94379 St. Englmar, Hirschensteinweg 2.

Anfahrt: Von Cham oder Regen auf der B85 kommend in Viechtach auf der St2139 nach St. Englmar. Von Regensburg/Passau auf der BAB3 kommend Ausfahrt 107 Bogen, dann weiter auf der St2139 nach St. Englmar. Am Predigtstuhl Resort links bzw. rechts abbiegen und gleich wieder links der Hohenriedstraße folgen. Dann rechts in den Hirschensteinweg zum ausgeschilderten Parkplatz.

Bus/Bahn: -

Ausgangspunkt/P: Wanderparkplatz Predigtstuhl (am Kletterwald)

Infos/Gaststätten: *Keine Einkehrmöglichkeiten, Proviant nicht vergessen. *Richtpreis Parkgebühr 3 €.

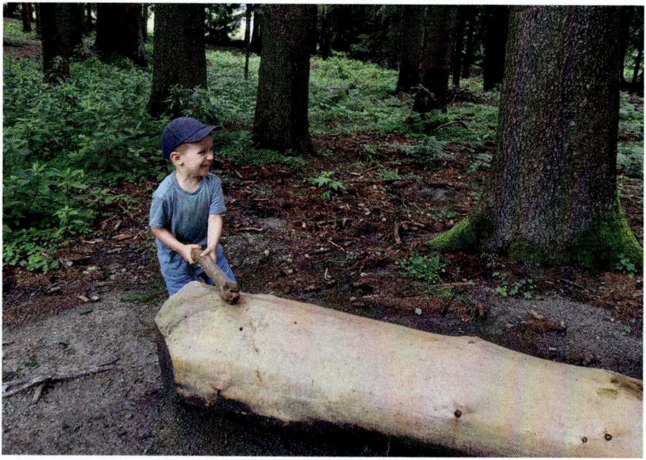

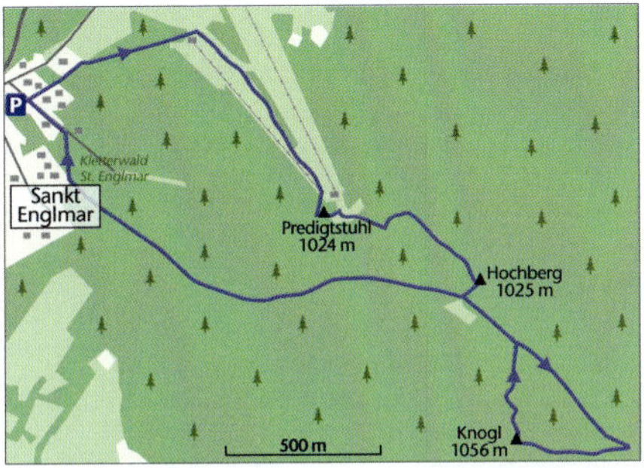

Wegbeschreibung: Der Rundweg ist durchgehend mit „Naturlehrpfad Wildes Waldgebirge“ gut ausgeschildert. Vom Parkplatz rechts auf die asphaltierte Straße, bis auf der linken Seite bei einer Wanderkarte ein Weg abzweigt. Der Weg führt zunächst an Häusern vorbei in Richtung Wald, bevor es über die Skipiste hinauf zum Gipfel des Predigtstuhls geht. Hierbei handelt es sich um das steilste Teilstück der Wanderung. Vom Predigtstuhl kurz bergab bis zu einem Pavillon, dort links weiter zum Hochberg. Dem Weg weiter folgen bis zu einer breiten Schotterstraße ,bei der sich eine kleine Hütte befindet. Links dem Weg in Richtung des ausgeschilderten Hirschensteins folgen. Nach ca. 15 Minuten zeigt ein Wegweiser zum dritten Gipfel unserer Wanderung, dem Knogl. Dem Waldweg folgen bis zum Gipfel mit schönen Blicken auf den Gäuboden und die Donauebene. Von dort zurück zum breiten Schotterweg und der Beschilderung weiter folgen. Der Weg führt dann direkt zum Kletterwald, von wo eine Zugangsstraße zurück zum Parkplatz führt.

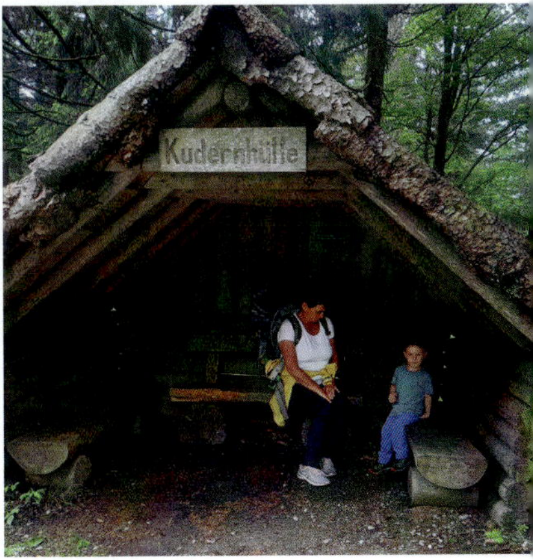

54 Tragetour Perlbachtal

Mitterfels: Romantischer Naturpfad

**

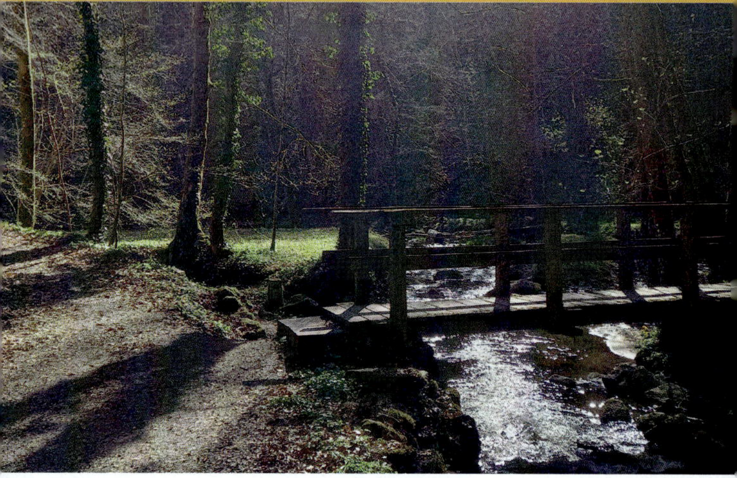

Diese Wanderung führt auf breiten Waldwegen und schmalen Pfaden rund um und durch das enge Perlbachtal mit dem Bach Menach, der aber aufgrund seiner hohen Vorkommen von Flussperlmuscheln Perlbach genannt wird. Infotafeln über Flora und Fauna begleiten den Weg. Die hier ausgewählte Strecke führt über die Hälfte am Bach entlang und ist sehr idyllisch.

Wetter: Anforderung: Gesamtdauer: 1 ½ h

Anforderung: Leicht–mittel; 140 Hm; kurze steile Rampen; abwechselnd breite und schmale Waldwege.

Dauer: RW: 1 ½ h; 5,8 km.

Wetter: Für jedes Wanderwetter gut geeignet. Im Tal ist es um einige Grad kühler, daher wärmere Kleidung mitnehmen.

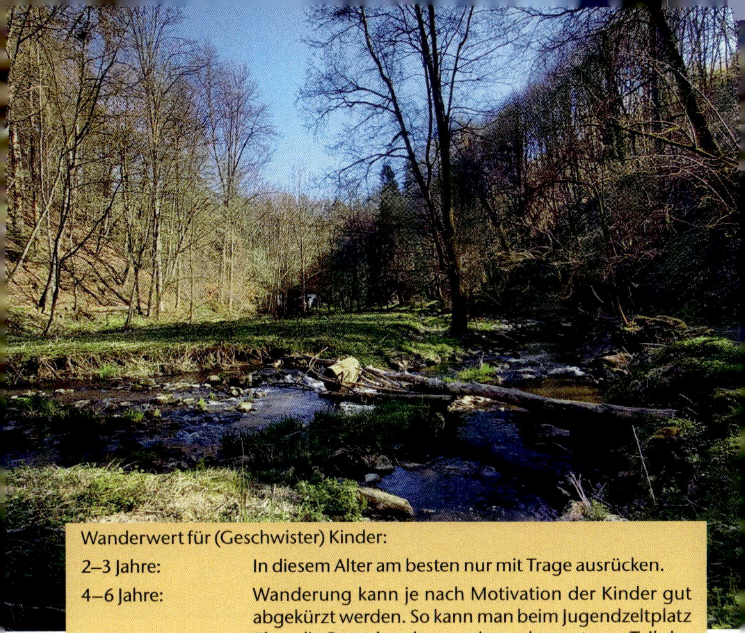

Wanderwert für (Geschwister) Kinder:	
2–3 Jahre:	In diesem Alter am besten nur mit Trage ausrücken.
4–6 Jahre:	Wanderung kann je nach Motivation der Kinder gut abgekürzt werden. So kann man beim Jugendzeltplatz über die Renach gehen und nur den unteren Teil des Tals erwandern.
Kinderfahrrad:	Nein.

Navi: 94360 Mitterfels, Burgstraße. Parkplätze in der Ortsmitte.

Anfahrt: Von Regensburg oder Passau kommend auf der BAB A3, Ausfahrt 106 Straubing, dann weiter der Beschilderung auf der St2140 nach Mitterfels folgen. Von Regen/Viechtach kommend über die St2139 nach St. Englmar und Neukirchen und von dort auf der St2147 nach Mitterfels.

Bus/Bahn: -

Ausgangspunkt/P: Ausgangspunkt ist die Ortsmitte Mitterfels, die sich rund um die Kirche Heilig Geist und die Burgstraße erstreckt. An den angrenzenden Straßen befinden sich viele kostenlose Parkplätze.

Infos/Gaststätten: *Keine Einkehrmöglichkeiten am Weg. In Mitterfels gibt es aber viele Einkehrmöglichkeiten. Bänke am Bach laden zum Pausieren ein. Beim Zeltplatz große Freifläche zum Picknicken. Proviant mitnehmen.

Wegbeschreibung: Von den Parkmöglichkeiten bei der Heilig-Geist-Kirche, welche sich auf der rechten Straßenseite befindet, geht es bis zur nächsten T-Kreuzung die Straße entlang und dann links in die Burgstraße. Nach wenigen Minuten erreicht man eine Y-Kreuzung, die rechts in die Waldringstraße führt, wo bereits Wanderwege und der Jugendzeltplatz

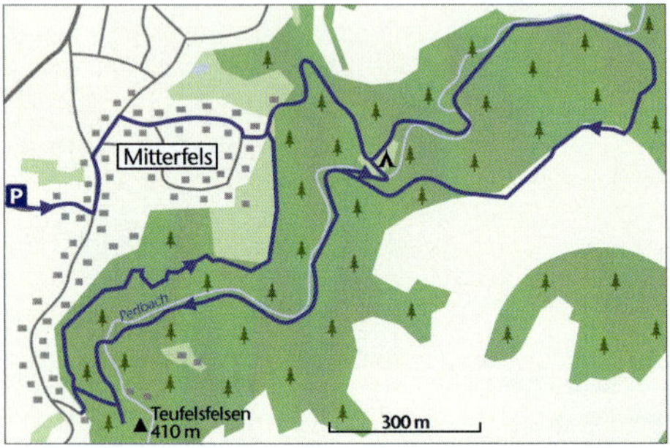

ausgeschildert sind. Während der Wanderung dienen die Wanderwege 1, 2 und 5 zur Orientierung. Für wenige Minuten geht es durch eine Wohnsiedlung, ehe man den Waldrand erreicht und dem Weg bergab zum Jugendzeltplatz folgt, der direkt an der Menach liegt. Auf dieser Uferseite verläuft ein breiter Wanderweg am Bach entlang in den Wald hinein. Bei dem kleinen Weiler Höllmühl zweigt der Wanderweg vom Bach ansteigend zum Waldrand hinauf. Dort rechts abbiegen und dem Weg an Feldern entlang bis zu einem Hochsitz folgen. Dort angekommen nach rechts bergab zurück zur Menach und zum gegenüberliegenden Ufer des Jugendzeltplatzes. Nun geht es links und direkt am Bach entlang, bis Stufen in einen steilen Hang hinauf führen. An der ersten Abzweigung kann ein kleiner Umweg zum ca. 200 m oberhalb liegenden Teufelsfelsen gemacht werden, der auch ausgeschildert ist. Dort wartet ein schöner Rundumblick und mit etwas Glück Kletterinnen und Kletterer, die bestaunt werden können. Bei der Abzweigung führt ein schmaler Pfad rechts hinauf und in Hanglage zurück zur Wohnsiedlung. Von dort geht es den gleichen Weg zurück zum Ausgangspunkt.

55 Tragetour Hadriwa

Elisabethszell: Hoiwa und Felsen soweit das Auge reicht ***

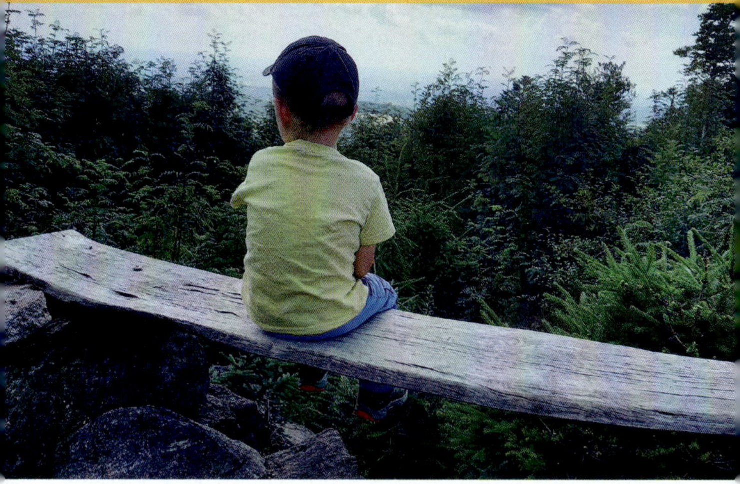

Landschaftlich sehr reizvolle Wanderung mit einmaligen Felsformationen und Ausblicken auf den Gäuboden auf der einen und das Arberland auf der anderen Seite. Der Höhenweg ist zwar felsig, aber nicht ausgesetzt. Trotzdem sollte der Weg nur von bergerfahrenen Eltern mit Kraxe begangen werden, da Trittsicherheit erforderlich ist.

Wetter: ◐ Anforderung: ● Gesamtdauer: 1 h

Anforderung:	Mittel – schwierig; Trittsicherheit auf dem Höhenweg aufgrund der vielen Felsen nötig; 90 Hm; keine steilen Abschnitte; Höhenweg schmal und felsig, breiter Schotterweg auf dem Rückweg.
Dauer:	RW: 1 h; 4 km.
Wetter:	Nur bei trockenem Wanderwetter, Felsen sind bei Regen sehr rutschig.

Wanderwert für (Geschwister) Kinder:	
2–3 Jahre:	Viele Felsen und Hoiwasträucher. Die Felsen auf dem Höhenzug erfordern zwar Trittsicherheit, aber bereits unser Dreijähriger klettert sehr sicher über die Felsen. Am besten aber ein Seil mitnehmen, um die Kinder zu sichern.
4–6 Jahre:	Siehe 2–3 Jahre.
Kinderfahrrad:	Nein.

Navi: 94353 Haibach, Maibrunner Straße.

Anfahrt: Von der B85 Cham/Regen nach Viechtach auf der St2139 nach St. Englmar. Nach dem Rodel-/Freizeitparadies rechts abbiegen nach Maibrunn. Von Regensburg/ Passau auf der BAB3 kommend Ausfahrt 107 Bogen, dann weiter auf der St2139 in Richtung St. Englmar. Vor dem Rodel–/Freizeitparadies links abbiegen nach Maibrunn. Weiter in Richtung Elisabethszell. Nach wenigen Kilometern befindet sich auf der rechten Seite ein kleiner Parkplatz.

Bus/Bahn: -

Ausgangspunkt/P: Wanderparkplatz zwischen Maibrunn und Elisabethszell.

Infos/Gaststätten: *Hansl Hütte, in der Ortschaft Riedelswald unweit des Wanderweges, Tel. 09963 290266, www.hansl-hütte.de, nur im Sommer am Wochenende geöffnet.

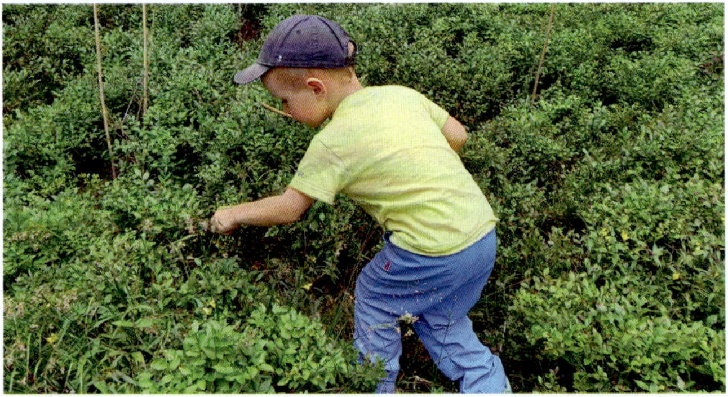

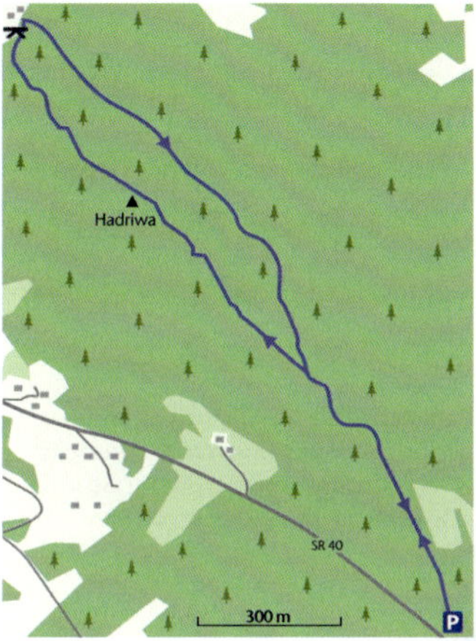

Wegbeschreibung: Vom Parkplatz führt ein breiter Schotterweg in den Wald hinein, der nach 15 Minuten links abzweigt. Dort befindet sich auch ein Hinweisschild „Hadriwa Höhenweg – nur für Geübte". Zunächst geht es weiter ansteigend durch den Wald, ehe der Höhenzug Hadriwa auf schmalen und felsigen Pfaden auf dem Bergrücken verläuft. An manchen Stellen müssen Felsen überwunden werden, Trittsicherheit und ein festes Schuhwerk sind ein absolutes Muss. Nach etwa einer halben Stunde befindet sich dann auf der rechten Seite das Gipfelkreuz mit tollen Ausblicken auf den Hohen Bogen und das Arbergebiet. Nach weiteren zehn Minuten mündet der Weg wieder auf einen breiten Weg, der bergab an den Waldrand und zur Ortschaft Riedelswald führt. Unweit davon befindet sich die Hansl Hütte. An der Kreuzung geht es rechts zurück in den Wald bevor, der Weg schließlich in den breiten Schotterweg mündet, der zurück zum Parkplatz führt.

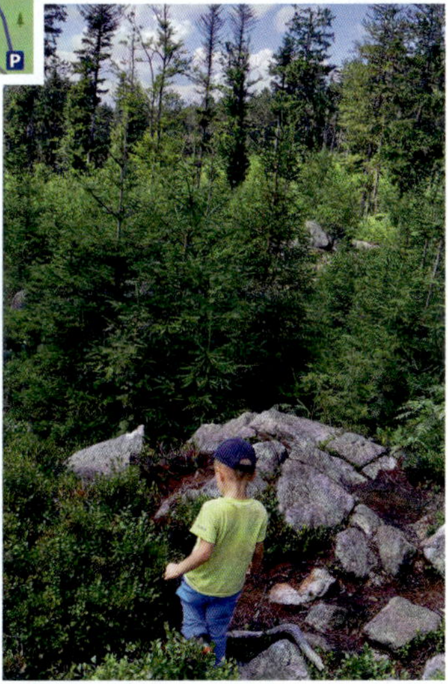

Zum Gebrauch des Wanderführers:

Erklärung zum Hauptteil (Wanderungen):

Anforderung:

In der Anforderung wird die Wegbeschaffenheit und die Steigung beschrieben.

Hinweis: Was zu Fuß als leicht eingestuft werden würde, ist mit dem Kinderwagen oft bereits mittelschwierig. ➔ siehe Sicherung.

- **Gelb** = leicht mit dem Kinderwagen, meist auch „Buggytauglich". Die Wanderungen verlaufen über Asphalt- oder gut ausgebaute Wanderwege.
- **Blau** = mittelschwierig mit dem Kinderwagen jedoch leicht zu Fuß. Ein geländegängiger Kinderwagen wird empfohlen. Die Touren haben kurze, aber knackige Steigungen, sind von der Wegbeschaffenheit her etwas schwieriger (z. B. sehr holprig oder viele Baumwurzeln) oder die Wanderungen weisen einfaches Gelände auf, sind jedoch von der Zeit her etwas länger und erfordern mehr Ausdauer.
- **Rot** = schwierig mit dem Kinderwagen bzw. für Kinder zum Laufen, jedoch meist mittelschwer zu Fuß. Die Wegbeschaffenheit ist teilweise schlecht oder ausgewaschen. Steigungen sind mit dem Kinderwagen kräfteraubend. Ein geländegängiger Kinderwagen ist unumgänglich, eine Handbremse empfehlenswert. Rot gekennzeichnet werden auch Touren, die von der Länge her sehr viel Zeit und Kondition erfordern.

Sicherung:

Es ist immer ganz gut, eine Sicherungsschlaufe dabei zu haben, z.B. beim Abwärtsgehen für den Fall, dass man ausrutscht. Es wird auch eindringlich darauf hingewiesen, NIEMALS den Kinderwagen mit Baby an Bord allein an abschüssiger Strecke – selbst mit angezogener Bremse – stehen zu lassen. Im Zweifelsfall, wenn das Baby beim Rastplatz schläft, zusätzlich mit einer Sicherungsschlaufe sichern. Der Stress kann sehr groß werden, wenn man alleine unterwegs ist, ein Kind schon mitgeht und das andere im Wa-

gen liegt. Deshalb empfehlen wir für diese Situation nur einfache Wege.

An dieser Stelle auch die dringende Bitte, gehende Kinder bei abschüssigen Stellen immer an der Hand zu führen oder zu sichern. Ebenso die Kraxe mit dem Kind, selbst wenn sie nur kurz abgestellt wird, immer halten! Den Spielbereich immer vorher kontrollieren und mit den Kindern vereinbaren, wo sie sich aufhalten dürfen. Kinder in JEDEM Moment beim Wasser beaufsichtigen. Bitte auf den Wegen bleiben.

Umgang mit Weidevieh:
Im Wesentlichen gilt: Abstand halten, ruhig verhalten, NIEMALS füttern oder streicheln. Hunde gelten für Kühe als Bedrohung!

Dauer: Die Dauer bezieht sich immer auf die reine Gehzeit ohne Pausen bis zum Ziel. Mit dem Kinderwagen ist man meist langsamer unterwegs, deshalb sind die Gehzeiten, gerade bei Steigungen und schlechter Bodenbeschaffenheit, großzügiger bemessen. Die Kilometerangaben in Bezug auf die Dauer können daher variieren.

Wetter:

Moderate Temperaturen, nicht zu heiß und nicht zu kalt. Im Sommer nicht in der Mittagszeit gehen.

Nieselwetter: Manche Wege, vor allem jene im Wald, sind auch bei bewölktem Wetter oder leichtem Regen gut möglich.

Winter: Diese Tour ist auch im Winter bei Schneelage geeignet. Schlittenbahnen sind i.d.R. nicht mit dem Kinderwagen zu befahren, hier ist es besser, das Baby im Fellsack auf einen Schlitten mit Rückenlehne zu setzen. Bei allen Winterwanderungen ist bei Schneelage ein geländegängiger Kinderwagen notwendig, auch wenn die Anforderung leicht ist.

Planschmöglichkeiten: Wird auch angeführt, wenn es die Möglichkeit zum Planschen gibt und natürlich auch bei Bademöglichkeiten.

Skizzen/Kartografie: Die Skizzen sollen einer groben Orientierung die-

nen. Sie sind keine millimetergenaue Abbildung der Realität. Es wurden nur jene Straßen, Wege und markanten Punkte eingezeichnet, die für die Wegfindung wichtig erschienen, siehe auch Legende. Die Wege sind normalerweise auch in einschlägigen Wanderkarten zu finden.

Mundart aus Niederbayern:
Hoiwa: Heidelbeeren
Schachten: bezeichnet meist von Menschen geschaffene Lichtungen in hoch gelegenen Wäldern, fernab von Siedlungen, welche als Weideflächen in der Vergangenheit genutzt wurden und teilweise heute noch beweidet werden.
Triftkanal: Frühere Form des Holztransportes im Bayerischen Wald. Holzstämme wurden in loser Form in sogenannten Triftkanälen von den Hochlagen/Wäldern über die Ilz bis zur Donau transportiert.

Abkürzungen

AP	Ausgangspunkt
Bhf.	Bahnhof
ganzj.	ganzjährig
geöff.	geöffnet
geschl.	geschlossen
Ghf.	Gasthof
Hst.	Haltestelle
KW	Kinderwagen
P	Parkplatz
RW	Rundweg
tgl.	täglich
Mo ... So	Montag ... Sonntag
TT	Tragetour

Legende

- ★ interessante Plätze
- Planschen / Badeplatz
- Spielplatz
- bewirtschaftete, aber auch teilw. saisonal geöffnete Gasthöfe oder Cafés
- Kirche
- ▲ Gipfel
- Picknickplatz
- Wanderweg
- Tragestrecke
- P Parkplatz
- H Haltestelle, Bahnhof
- Gebäude

Zur Ausrüstung

Eigentlich braucht man für die Kleinen alles, was auch sonst bei längeren Spaziergängen oder Ausflügen zu den Großeltern/Freunden oder Spielkameradinnen mitzunehmen ist. Bitte auch Verpflegung und Bekleidung für sich selbst nicht vergessen.

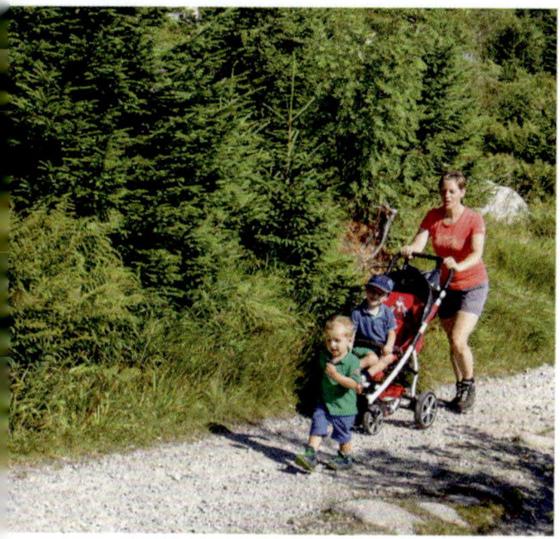

Verpflegung

Wichtig ist, für jeden immer ausreichend Getränke und etwas zu essen mitzunehmen. Reines Wasser ist der beste Durstlöscher. Stillende Mütter haben es bei Wanderungen relativ leicht, außer auf die eigene Flüssigkeitszufuhr müssen sie auf wenig achten.

Oft ist es ganz nützlich bzw. bei Fläschchenkindern unerlässlich, etwas abgekochtes und/oder warmes Wasser in einer kleinen Thermosflasche mitzuhaben. Neben dem Zubereiten von Fläschchen und/oder Brei kann damit auch die Mittagsmahlzeit erwärmt werden – dies läßt sich aber auch gut bereits zu Hause erhitzen und bleibt in einem Baumwolltuch eingewickelt einige Stunden warm. Ab der Beikostreife sind handgerechte Knabbersachen ((z. B. Baby-)Kekse, Waffeln oder Obst) für zwischendurch immer nützlich und versorgen auch die Mama mit ausreichend Energie. An der frischen Luft haben fast alle einen größeren Appetit als zu Hause. Ein raunzendes, aber grundsätzlich gesundes Kleinkind im Freien hat meist entweder einen knurrenden Magen oder es ist müde, der Kinderwagen und ein gepackter Rucksack entschärfen hier schnell.

Ausrüstungs-Checkliste:

- Wechselkleidung
- Regenschutz (Matschanzug für gehende Kinder)
- Hauben (im Sommer auch in Höhenlagen)
- Babydecke oder warmer Fußsack (Daune oder Fell)
- 1–2 Stoffwindeln
- Warme Jacke
- Gutes Schuhwerk mit Profil
- Tragetuch bzw. Stofftrage als Zusatz für zwischendurch
- 2–3 Windeln und Feuchttücher
- Sonnenschutz (auch Wind- und Wettercreme)
- Mückennetz für Kinderwagen und Mückenschutz
- Verbandszeug und „Zaubersalbe" ... (z.B. Pechsalbe, für alle kleineren und größeren Wehwehchen)
- Evtl. Schnuller ("Dizzl") und Schlafbär oder -tuch etc.
- Sicherungsschlaufe: Siehe Sicherung bei „Zum Gebrauch".
- Evtl. Wärmeflasche (bitte nur lauwarm befüllen, Verbrennungsgefahr)

Der passende Kinderwagen

Obwohl wir bereits viele Kinderwagen getestet haben, mussten wir feststellen: DEN passenden für jede Lebenslage gibt es nicht. Am besten ist es danach auszuwählen, in welchem „Gelände" man sich hauptsächlich bewegen wird. In der Stadt, mit Bussen und in Einkaufszentren und Parks oder eher in der „wilden" Natur?
Alle unsere als „leicht" (gelb) gekennzeichneten Touren sind mit einem „Stadtkinderwagen" gut begehbar. Ab der Schwierigkeitsstufe "mittel" ist ein geländegängiger Kinderwagen notwendig.

Tipps für einen geländegängigen Kinderwagen:

- nicht zu schwer (macht sich bei den Höhenmetern bemerkbar),
- stabil,
- mit größeren und breiteren (Luft-)reifen ausgestattet,
- feststellbare Schwenkräder und
- zusätzlich zur Feststellbremse mit Handbremse ausgestattet.

Alphabetisches Register

Plant ihr eine neue Tour?
Dann schaut vorher unter „Aktuelles zum Buch"
auf wandaverlag.com
Denn manchmal gibt es Änderungen ....

Schau doch mal auf unsere Homepage unter Wandasurium!

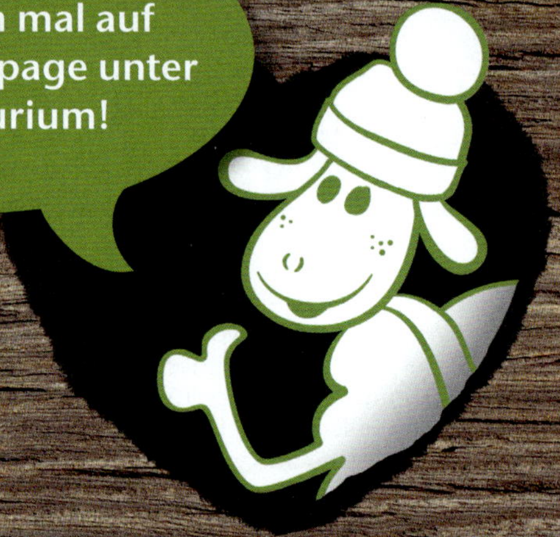

Dort findest du jede Menge
- Tipps
- Packlisten
- Sicherheit
- Ausrüstung
- Wandertricks
- und unseren Wandapass

- uvm.

Unser Verlag auf Social Media:

Instagram: wandaverlagtoptouren

Facebook: Wandaverlag

Youtube: wandaverlag

Weitere Tipps und herrliche Wanderungen warten auf euch!

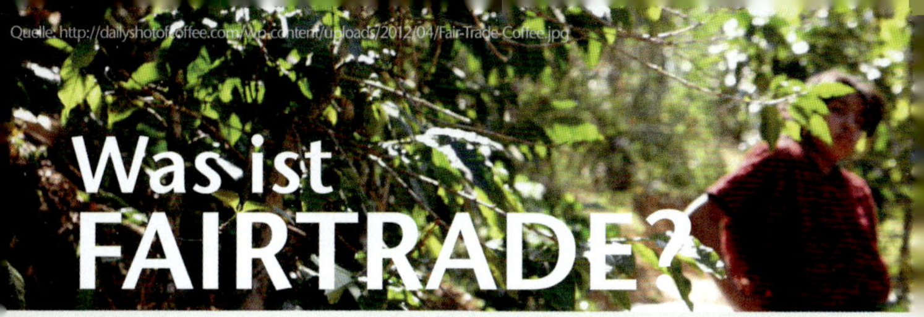
Quelle: http://dailyshotofcoffee.com/wp-content/uploads/2012/04/Fair-Trade-Coffee.jpg

Was ist FAIRTRADE?

FAIRTRADE ist ein Verein zur Förderung des FAIREN Handels mit dem Süden. Nur wer sich an die strengen Auflagen hält, darf das FAIRTRADE-Siegel verwenden. Mitglieder des Vereins sind u.a.: Caritas, Katholische Jugendschaft, Evangelische Jugend, Grüne Bildungswerkstatt, Österr. Hochschülerschaft, PfadfinderInnen Österreichs, WWF-World Wide Fund for Nature und viele mehr.

WOFÜR STEHT DIESES FAIRTRADE-SIEGEL?

- Direkter Handel mit den ProduzentInnen und KleinbäuerInnen unter Ausschaltung der lokalen ZwischenhändlerInnen
- Dadurch FAIRE Preise für die ProduzentInnen & kontrollierter Warenfluss nach Europa
- Prämie für soziale & ökologische Entwicklung
- Gesetzliche Mindestlöhne & arbeitsrechtliche Mindeststandards
- Verbot von Kinderarbeit und sklavenähnlicher Zwangsarbeit
- Naturnahe & nachhaltige Anbaumethoden sowie Schutz des Regenwaldes
- Schutz natürlicher Gewässer & des Trinkwassers

Fairtrade
W.: www.fairtrade.net
W.: www.fairtrade.de
W.: www.fairtrade.at

Notizen, Stempel, ...

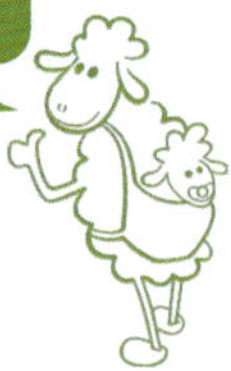

Notizen, Stempel, ...

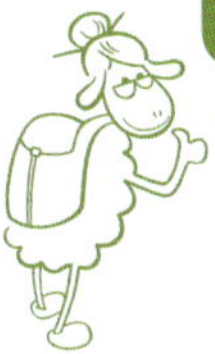

Notizen, Stempel, ...

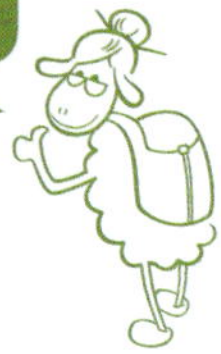

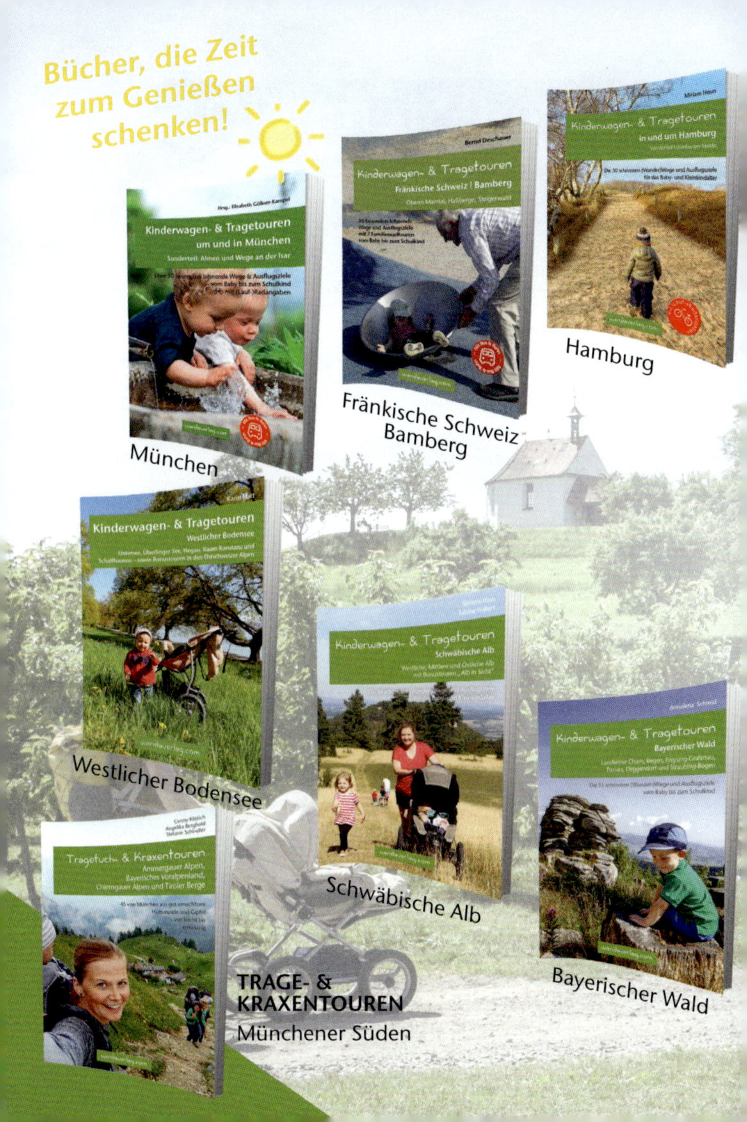
Bücher, die Zeit zum Genießen schenken!
Kinderwagen- & Tragetouren
um und in München
Sonderteil: Almen und Wege an der Isar
München
Bernd Deschauer
Kinderwagen- & Tragetouren
Fränkische Schweiz | Bamberg
Fränkische Schweiz
Bamberg
Miriam Heun
Kinderwagen- & Tragetouren
in und um Hamburg
Hamburg
Kinderwagen- & Tragetouren
Westlicher Bodensee
Westlicher Bodensee
Kinderwagen- & Tragetouren
Schwäbische Alb
Schwäbische Alb
Kinderwagen- & Tragetouren
Bayerischer Wald
Bayerischer Wald
Tragetuch- & Kraxentouren
Ammergauer Alpen,
Bayerisches Voralpenland,
Chiemgauer Alpen und Tiroler Berge
TRAGE- &
KRAXENTOUREN
Münchener Süden

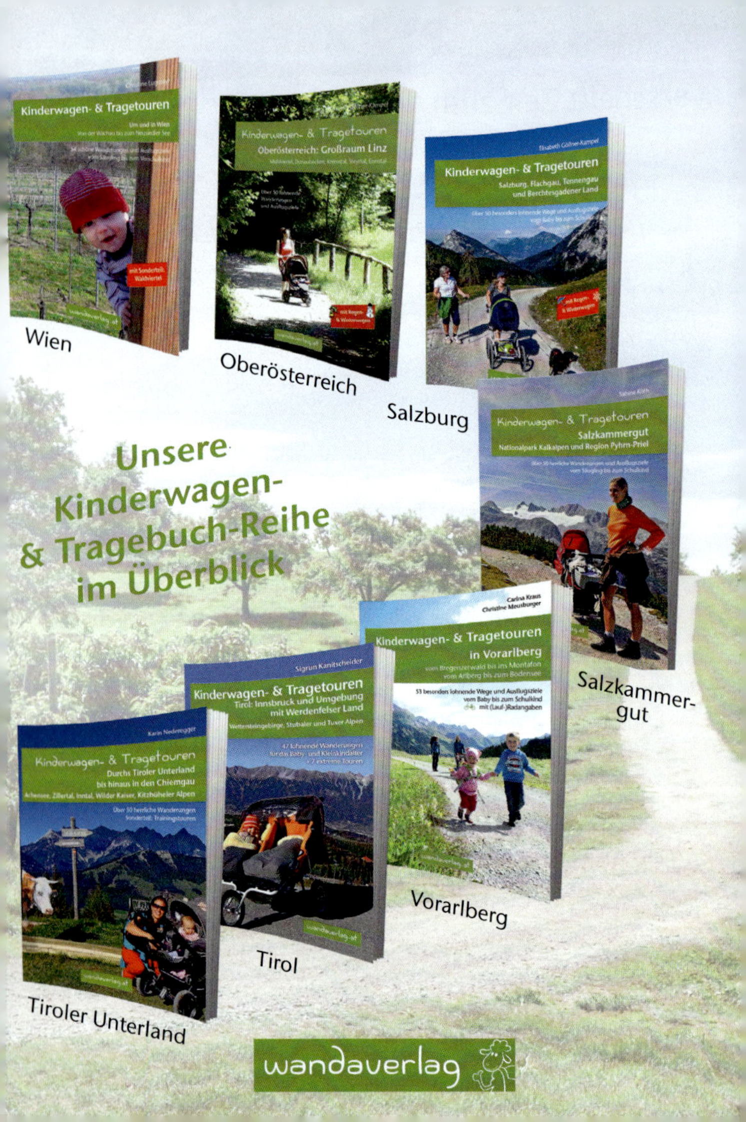

Kinderwagen- & Tragetouren
Um und in Wien
Wien
Kinderwagen- & Tragetouren
Oberösterreich: Großraum Linz
Oberösterreich
Elisabeth Göllner-Kampel
Kinderwagen- & Tragetouren
Salzburg, Flachgau, Tennengau und Berchtesgadener Land
Salzburg
Kinderwagen- & Tragetouren
Salzkammergut
Nationalpark Kalkalpen und Region Pyhrn-Priel
Salzkammergut
Unsere Kinderwagen- & Tragebuch-Reihe im Überblick
Carina Kraus
Christine Meusburger
Kinderwagen- & Tragetouren
in Vorarlberg
vom Bregenzerwald bis ins Montafon
vom Arlberg bis zum Bodensee
53 besonders lohnende Wege und Ausflugsziele vom Baby bis zum Schulkind
mit (Lauf-)Radangaben
Vorarlberg
Sigrun Kanitscheider
Kinderwagen- & Tragetouren
Tirol: Innsbruck und Umgebung mit Werdenfelser Land
Wettersteingebirge, Stubaier und Tuxer Alpen
47 lohnende Wanderungen für das Baby- und Kleinkindalter + 7 extreme Touren
Tirol
Karin Niederegger
Kinderwagen- & Tragetouren
Durchs Tiroler Unterland bis hinaus in den Chiemgau
Achensee, Zillertal, Inntal, Wilder Kaiser, Kitzbüheler Alpen
Über 50 herrliche Wanderungen
Sonderteil: Trainingstouren
Tiroler Unterland
wandaverlag

wandaverlag

...verschafft Zeit zum Genießen

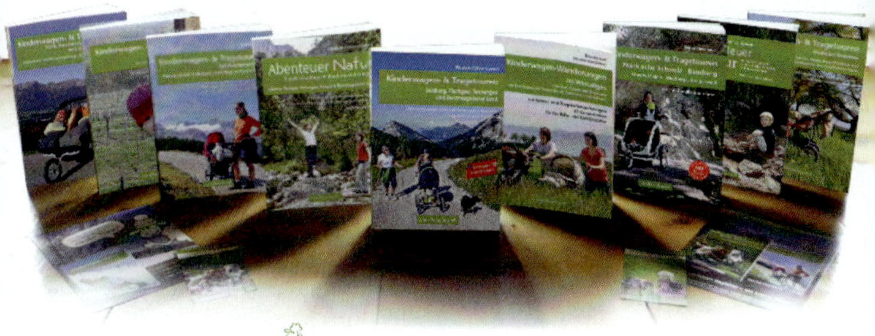

Der wandaverlag ist ein kleiner, unabhängiger Verlag am Fuße des Untersbergs. Jeder Wanderführer entsteht durch großes persönliches Engagement und viel Leidenschaft für ein perfektes Buch.

Was uns am Herzen liegt:

- Durch unsere akribischen Recherchen, genauen und trotzdem nicht zu langatmigen Angaben, durch unser übersichtliches Layout und die vielen kleinen Einzelheiten möchten wir Zeit zum Genießen verschaffen – unserer Leserschaft zuliebe.
- Wir unterstützen mit unseren Büchern die Initiativen Fair Trade und Clean Clothes – der Fairness zuliebe.
- Wir legen Wert auf umweltschonenden Druck – der Natur zuliebe.
- Durch die Angabe von öffentlichen Verkehrsverbindungen möchten wir ein umweltfreundliches Anreisen fördern – der Umwelt zuliebe.

Vielen Dank für euer Vertrauen! Wir freuen uns über jede Rückmeldung zu unseren Büchern und Wanderwegen.

Elisabeth Göllner-Kampel
(Verlegerin & Wanderbuchautorin)

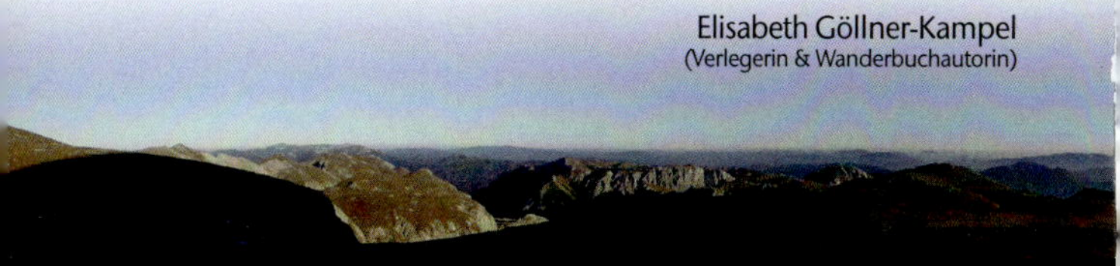

Ich freue mich über Rückmeldungen, Eindrücke und Anregungen an:
office@wandaverlag.com.

Cover und Satz: Sabine Köth
Layout: Julia Weinert, Manuel Thomasser, Melanie Eichhorn
Kartografie: Dorota Konieczka
Illustrationen: Melanie Eichhorn, Sabine Köth
Lektorat: Johanna Weber, www.lektorat-weber.at

ISBN: 978-3-902939-15-9
Kinderwagen- & Tragetouren Bayerischer Wald. Landkreis Cham, Regen, Freyung-Grafenau, Passau, Deggendorf und Straubing-Bogen.
Die 55 schönsten (Wander-)Wege und Ausflugsziele vom Baby bis zum Schulkind.
Wandaverlag, Römerstraße 16, A-5081 Anif b. Salzburg, www.wandaverlag.com
Auflage 2022/2023

Klimaneutral
Druckprodukt
ClimatePartner.com/53385-2210-1010

MIX
Papier aus verantwortungsvollen Quellen
FSC www.fsc.org
FSC® C017014

Umschlagfoto: Fotostudio A, Daniela Blöchinger, Neuschönau
Fotos: Alle Fotos wurden von der Autorin erstellt bis auf:
Anhang, zum Gebrauch und S. 4: Daniela Blöchinger

Danke!
Allen voran an meine beiden Kinder Lukas und Marius. Für die vielen unvergesslichen Wanderungen und Naturerlebnisse, bei denen ich dank euch die Welt wieder durch Kinderaugen sehen durfte. Ein herzliches Danke auch an meine Mama Theresia und meine Tante Helga, die uns auf unzähligen Wanderungen begleitet und unterstützt haben. Ein besonderer Dank gilt auch meinem Mann Dominik. Ohne ihn würde es diesen Wanderführer nicht geben. Danke für deinen Ansporn und Zuspruch!

Annalena Schmid

Kinderwagen- & Tragetouren im Bayerischen Wald

Die 55 schönsten (Wander-)Wege und Ausflugsziele
vom Baby bis zum Schulkind

Hrsg. Elisabeth Göllner-Kampel

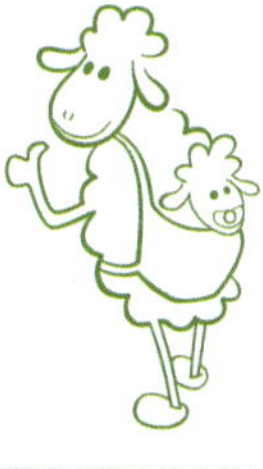

wandaverlag.com

Die Autorin

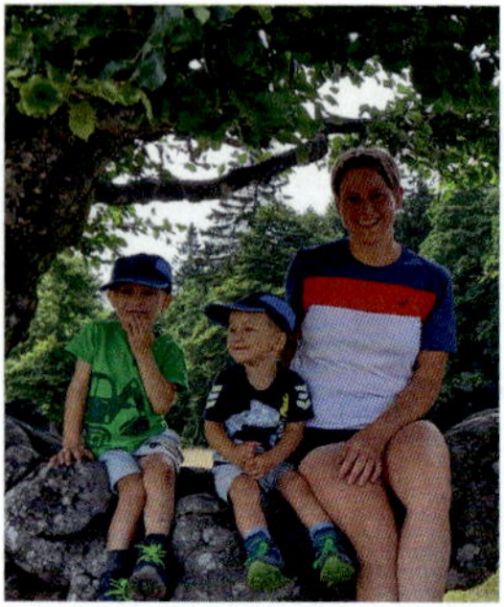

Annalena Schmid ist in der Region Nationalpark Ferienland Bayerischer Wald geboren und aufgewachsen. Mittlerweile lebt sie mit ihrem Mann und den beiden Söhnen im Arberland Bayerischer Wald. Über die Landkreisgrenzen hinweg erkundet sie mit ihrer Familie zu Fuß, aber auch gerne mit dem Fahrrad den gesamten Bayerischen Wald. Hauptsache rein in den Wald und ab auf die Berge. Auf ihrem Wanderblog „wander-kinder" beschreibt sie viele Wandertouren und erzählt Wandergeschichten, die das Leben mit zwei Kindern schreibt.

Liebe Eltern, Großeltern, Tanten, Onkel und alle, die mit Kindern unterwegs sind,

Viele Wanderwege im Bayerischen Wald kenne ich bereits aus meiner Kindheit. Wandern, Entdecken und Erkunden von bekannten und unbekannten Pfaden ist meine Leidenschaft – und was gibt es Schöneres als diese mit den eigenen Kindern zu teilen. Während meiner ersten Elternzeit ließ mich der Gedanke eines eigenen Wanderführers für Kinder nicht mehr los. Zufällig entdeckte ich die Buchreihe des Wandaverlages und nahm Kontakt zu Elisabeth, meiner Verlegerin, auf, die mich weiter bestärkte und mir die Möglichkeit gab, meine Ideen umzusetzen. So konnte ich meine zweite Elternzeit nutzen und den Bayerischen Wald mit meinen beiden Wanderkindern durchstreifen. Beide Buben sind während dieser Zeit über sich hinausgewachsen, haben ihre Heimat und die Natur besser kennengelernt. Wir haben viel gelacht und erlebt, waren oft erschöpft, froh wieder am Ausgangspunkt zurück zu sein und sind am Abend glücklich und müde ins Bett gefallen. Insgesamt bin ich für dieses Buch 130 Touren gegangen. Die 55 geeignetsten und schönsten haben es in dieses Buch geschafft. Sie sind eine Inspiration für unvergessliche Momente und Erlebnisse in der Natur. Viel Spaß beim Entdecken!

Eure Annalena & Familie

Inhaltsangabe

Plant ihr eine neue Tour?
Dann schaut vorher unter „Aktuelles zum Buch“
auf wandaverlag.com
Denn manchmal gibt es Änderungen ....

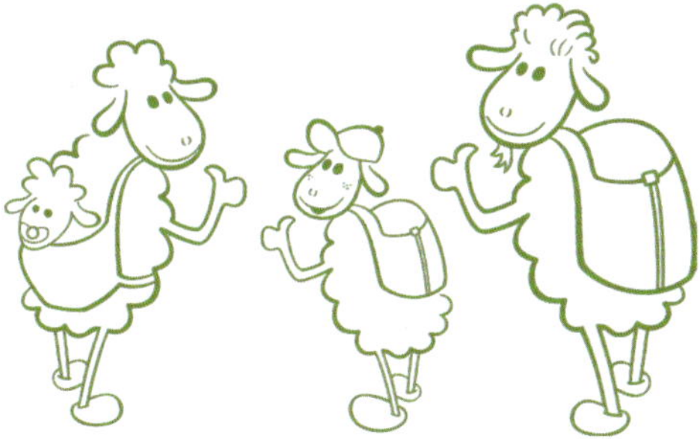